Manfred Rascher

Wintergärten

Doppelbände in der Reihe

Fachwissen für Heimwerker

Manfred Birreck	**Reisemobilausbau**
Karl-Heinz Böse	**Heizkosten sparen** **Kalt-, Warm- und Abwasserleitungen selbst verlegt**
Werner Dittmer	**Hausbau leicht gemacht**
Dietrich Engelhard	**Solaranbauten**
Hans H. Göres	**Betonieren und Mauern** **Haussicherung**
Heinz Graesch	**Holzarbeiten dekorativ und nützlich**
Erich Heimann	**Einbau von Fenstern, Türen und Toren**
Rudolf Horstmann	**Richtig renovieren** **Möbel lackieren**
Edwin Johnson	**Altes und Antikes aufarbeiten**
Wolfgang Kreinberg	**Eigenheimausbau**
Martin Lange	**Rustikaler Innenausbau** **Fachwerkhäuser renovieren**
Dietmar Lochner	**Ferien- und Wochenendhäuser im Selbstbau** **Wärme- und Schalldämmung im Innenausbau** **Dachgeschoßausbau** **Kellerausbau**
Klaus Mathoy	**Ökologisches Haus planen und bauen**
Peter H. Nengelken	**Bauen im Garten mit Holz und Beton** **Rustikale Möbel selbst gebaut** **Vom Brachland zum gepflegten Garten**
Manfred Rascher	**Kachelofenbau** **Steinöfen, Backöfen und Gartengrills**
Eberhard Richter	**Campingbusausbau**
Gerd Sandstede	**Kunstschmieden**
Albert Wartenweiler	**Arbeiten auf der Drechselbank**
Walter Wolf Windisch	**Spannende Spiele selbst gemacht**

Manfred Rascher

Wintergärten

Verlagsgesellschaft Rudolf Müller, Köln-Braunsfeld

CIP-Kurztitelaufnahme der Deutschen Bibliothek

Rascher, Manfred
Wintergärten
Manfred Rascher
Köln-Braunsfeld: R. Müller 1986
(Fachwissen für Heimwerker)

ISBN 3-481-24471-1

ISBN 3-481-24471-1

Verlagsredaktion: Ingeborg Roggenbuck
Satz: A. Hellendoorn KG, Bad Bentheim
Druck: Druck- + Verlagshaus Wienand, Köln
Printed in Germany

Vorwort

Als junger Mann wuchs ich in einer Zeit auf, in der das Wirtschaftswachstum oberste Maxime zu sein schien. Das Jahr 1945 war lange vorbei, und mit diesem Abschluß einer Ära glaubte man, so scheint es mir oft, alles bisher Bekannte, alle Erfahrungen im Bereich Bauen, Leben und Wohnen über Bord werfen zu können. Die Technik erschloß viele Annehmlichkeiten und Vorteile für das tägliche Leben. Wer erinnert sich nicht noch der Zeiten, als der Liter Heizöl nur wenige Pfennige kostete und als Kostenfaktor oft gar nicht mehr registriert wurde? Sicher ist es befreiend, nach einer Zeit des Hungers quasi im Überfluß zu leben, aber kein Luxus dauert unendlich – erzählt uns die Geschichte.

So wie die 1974er Ölkrise einen Innovationsschub bisher nicht gekannten Ausmaßes im Energiemarkt auslöste, so verstärken sich in jüngster Zeit Tendenzen, Althergebrachtes, Bewährtes, in Generationen Bewiesenes wieder als richtig und erstrebenswert zu erachten. Leider ist diese Denkart schon wieder »modern«.

Ich bin wahrlich kein Maschinenstürmer, jedoch ein entschiedener Anhänger des Trends, die blinde Technik-, Fortschritts- und Wissenschaftsgläubigkeit ein wenig auf realistische Größenordnungen abzubauen. Wir hatten unseren Energieüberfluß: Öl und Kernenergie. Viele haben aber erkannt, daß nun etwas anderes, besseres kommen muß, wenn auch die Lobbyisten noch kämpfen.

Muß wirklich etwas Neues kommen?

Es gibt Augenblicke, da erkenne ich beschämt, daß längst vergangene Generationen aufgrund ihres täglichen Erlebens Entdeckungen machten, die dem heutigen Wissenschafts-Output in der Tragweite und Wichtigkeit kaum nachstehen. Dazu gehört die Sonnenenergie. In allen uns bekannten Kulturkreisen wurde sie genutzt – aktiv und passiv. Die Menschen verstanden die Sonne zu gebrauchen oder sie auszusperren, je nach Bedarf. Warum? Sie hatten gar keine andere Wahl.

Wir haben es heute viel besser. Wir sind (zumindest theoretisch) in der Lage, alle von der Natur bereitgestellten Kräfte und Energien als Grundlage zu nutzen und mit vom Menschen erfundenen Techniken und Hilfsenergien bis zu fast jeglichem Komfort auszuschöpfen.

Wissen Sie, lieber Leser, warum wir es nicht konsequent tun?

Röthenbach, im August 1985

Manfred Rascher

Inhalt

Bildnachweis

Titelbild: Zeitschrift »selbermachen«, Jahreszeiten Verlag, 2000 Hamburg.

Bierbach KG, 4750 Unna, Abb. 118 bis 120
Gesellschaft für Baukonstruktion mbH, 7250 Leonberg, Abb. 69
Heinz W. Krewinkel, 7030 Böblingen, Abb. 2a und 2b
Kuno Krieger, 5804 Herdecke, Abb. 3a, 148, 154, 155, 156
Löhlein, 8508 Wendelstein, Abb. 23a und 23b
Plus Garden Systems A/S, DK 6600 Vejen, Abb. 10, 124, 161, 163, 164
Röhm GmbH, 6100 Darmstadt, Abb. 73 bis 83 und 93 bis 96
Sanco Beratungszentrale, 8860 Nördlingen, Abb. 12
Zeitschrift »selbermachen«, Jahreszeiten Verlag, 2000 Hamburg, Abb. 150, 151, 152, 153
Dipl.-Ing. Anton Siebeneck, 4400 Münster, Abb. 165, 166
Sonnenenergie & Wärmepumpen, Zeitschrift für alle regenerativen Energiequellen, 8017 Ebersberg, Abb. 26, 70, 132
Hermann Vollmer KG, 8530 Neustadt/Aisch, Abb. 157 bis 160

Alle übrigen Bilder und Zeichnungen stammen vom Verfasser.

Eine einfache Überlegung

In unseren Breitengraden kämpfen aktive Solarsysteme – allen voran die Solarkollektoren – immer noch an der Schwelle der Wirtschaftlichkeit. Erst neuere Entwicklungen mit hochempfindlichen Oberflächenbeschichtungen bringen im Geldbeutel mehr als sie kosten. Und Hand aufs Herz, die Einsparung von Primärenergie und Entlastung der Volkswirtschaft sind wichtige und richtige Ziele für uns alle, aber Sie, lieber Leser, ja, auch Sie! müssen Ihre Brieftasche umdrehen und sehen, was übrigbleibt.

Obwohl vom Sinn und Nutzen des Kollektors vollkommen überzeugt, mag mir doch die Überlegung gestattet sein, ob die Solarenergienutzung mit dem Kollektor derzeit das Optimum darstellt.

Denken wir an unsere Umgebung Deutschland. Je nach Landstrich und Breitengrad verwöhnt uns die Sonne zwischen 1300 bis 1900 Stunden pro Jahr. Diese Zahl erscheint Ihnen mögli-

1 Die Orangerie in Darmstadt.

Tabelle 1: Durchschnittliche jährliche Sonnenscheindauer in Stunden pro Jahr

Aachen	1559	Hof	1601
Augsburg	1752	Kiel	1689
Berlin	1708	Konstanz	1644
Braunschw.	1524	Mannheim	1736
Bremen	1522	München	1729
Emden	1566	Nürnberg	1731
Essen	1442	Passau	1704
Flensburg	1652	Saarbrücken	1542
Frankfurt	1613	Stuttgart	1702
Garm.-Part.	1670	Basel	1680
Giessen	1580	Zürich	1694
Göttingen	1486	Innsbruck	1765
Hamburg	1560	Salzburg	1712
Hannover	1537	Wien	1891

2 Gemütlicher Sitzplatz in der »Außenstube«.

cherweise hoch, aber lassen Sie uns die Sonnenscheindauer einmal auf 365 Tage verteilen: im Ruhrgebiet durchdringt unser Zentralgestirn im Durchschnitt noch nicht einmal vier Stunden pro Tag die Wolken. Etwas besser haben es die Bewohner in den in Bild 3 weiß belassenen Regionen; sie genießen fast fünf Stunden Besonnung pro Tag.

Das gibt mir zu denken. Täglich »erlebe« ich 24 Stunden und davon bescheint mich unser lebensspendender Feuerball nur eine relativ geringe Zeitspanne. Bevor nun Neid auf die Bewohner mediterraner und subtropischer Länder aufkommt, lassen Sie uns ganz nüchtern überlegen:

> Was können wir tun, um uns an unsere (ohnehin nicht änderbare) Umgebung und das bei uns vorherrschende Klima optimal anzupassen?

Die Natur hat uns zwar wie jedes andere Lebewesen hervorgebracht, aber leider nicht mit einem Pelz ausgestattet. Daher behagt uns Erdenbürgern eine Temperatur unter 20 Grad Celsius gar nicht, und wir müssen uns gegen zu großen Wärmeentzug schützen. Wärmer anziehen mag bei Naturvölkern angebracht sein, bei »Zivilisierten« ist es verpönt.

Die Zivilisation heizt. Sie heizt fast immer zu teuer, zu verschwenderisch aus den Ressourcen der Welt. Zum Glück gibt es genügend Mitmenschen und Firmen, die sich darum bemühen, anderen die enorme Wichtigkeit dieses ungeheueren Komforts immer beredter schmackhaft zu machen. Solange der Strom aus der Steckdose kommt und

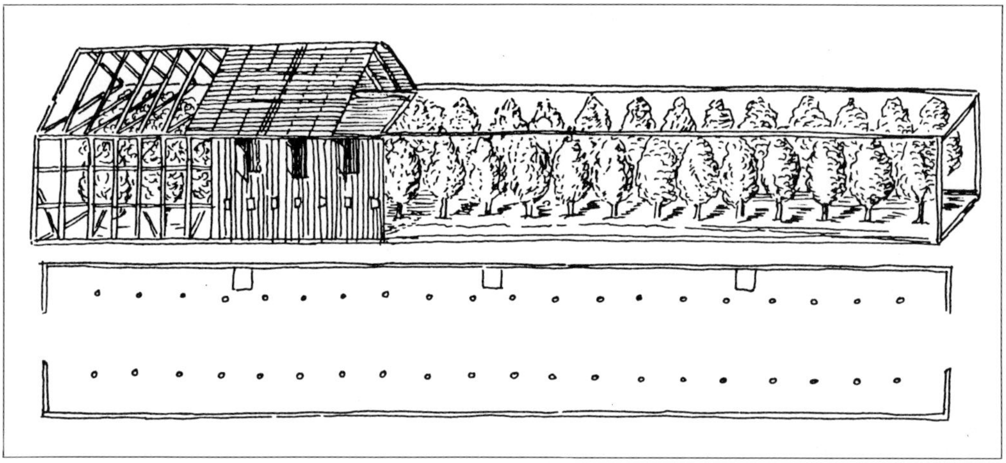

2a Orangerie in Heidelberg.

2b Wintergarten der Prinzessin Mathilde.

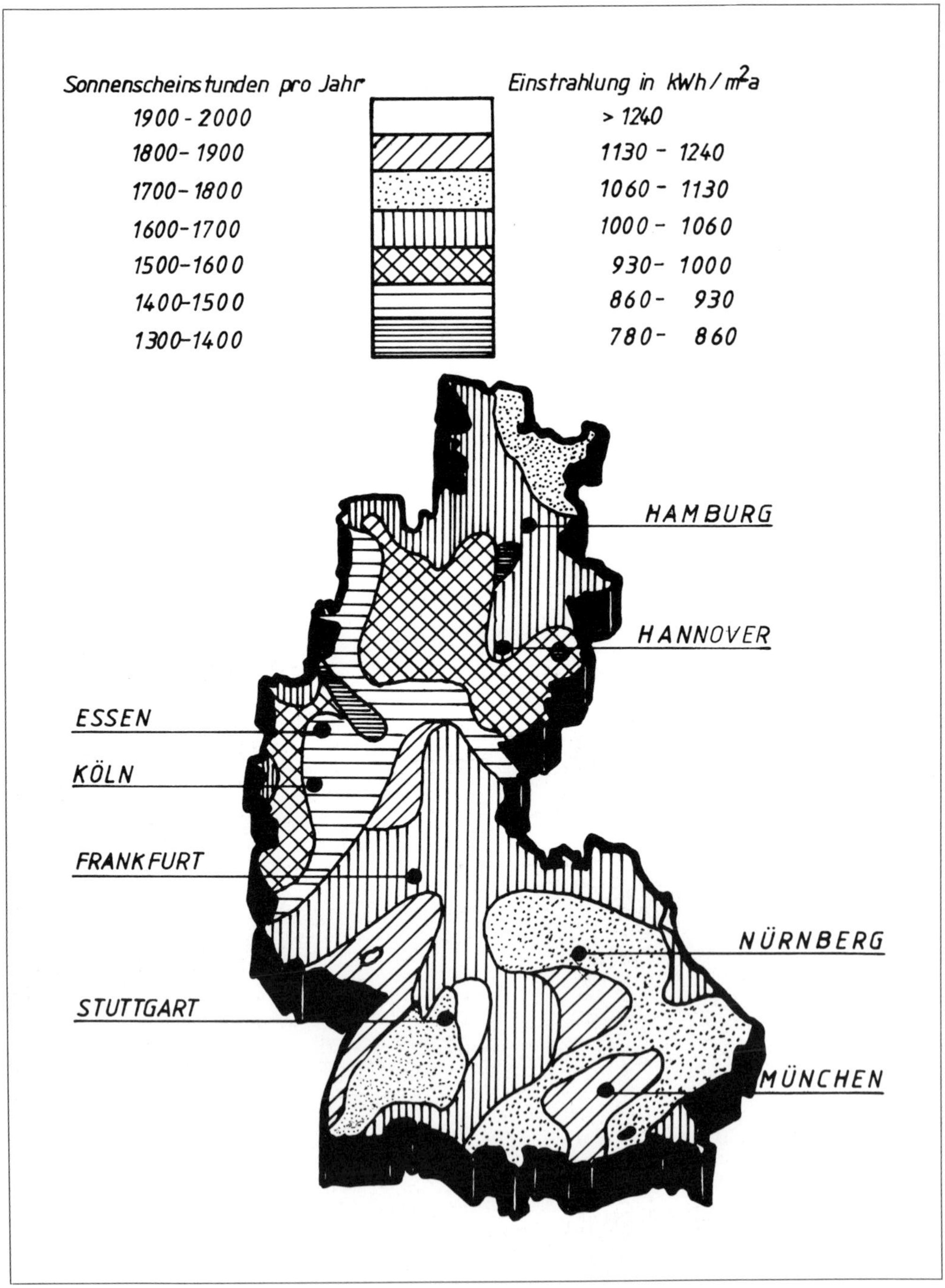

3 *Durchschnittliche Sonnenscheindauer nach Gebieten in Deutschland.*

die Scheichs Geld brauchen, ist die Welt noch in Ordnung!?

Halten Sie es für ketzerisch, wenn nun einer behauptet, daß die Erwärmung unserer Wohnungen und Häuser unter gewissen Voraussetzungen auch ein bißchen einfacher und billiger zu bewerkstelligen wäre?

Erinnern wir uns an unsere Umgebung. Wie bereits festgestellt, sind wir kein sonnendurchflutetes Land. Die Sonne scheint aber immer –, wenn auch meist über den Wolken. Selbst an solch bedeckten oder trüben Tagen überschüttet sie uns mit einer gehörigen Portion Energie. Es reicht zwar nicht zum Sonnenbräunen, aber in einer windgeschützten Ecke oder hinter einem großen Fenster wird einem doch mollig warm.

Denken Sie an ein Frühbeet! Die von der Sonne kommende Energie wird aufgefangen und kann nur schwer wieder entweichen. Das Innere des Frühbeets bleibt wärmer als die Umgebung.

Wir sind einen großen Schritt weiter. Wir haben eine Möglichkeit erkannt, auch in unseren wettermäßig »bescheidenen« Breitengraden die Sonne einzufangen und zu unserem Vorteil zu nutzen: »den Wintergarten«.

3a Vorgefertigter Selbstbausatz der Firma Krieger (s. a. Seite 143).

Geschichte des Wintergartens

Wie sicher die meisten technischen Errungenschaften liegen auch die Ursprünge des Wintergartens in wirtschaftlicher Erfordernis. Die Hauptgrundlage der menschlichen Ernährung – die Pflanze – ist von Klima, Boden und Jahreszeit abhängig. Der Wunsch des Menschen war schon immer, diese Faktoren nach seinem Willen und seinen Bedürfnissen zu beeinflussen. Wollte man Pflanzen zu einer Jahreszeit ziehen, in der sie von Natur aus nicht wuchsen, mußte man sie schützen, die Einflüsse der Natur abändern oder ausschließen. Vor allem war und ist es wichtig, bestimmte Temperaturen nicht zu unterschreiten.

Schon etwa zwei Jahrhunderte vor Christus erkannten einschlägig Interessierte in Pompeji, daß empfindliche Pflanzen trotz ungünstiger Witterung in geschlossenen, sonnendurchfluteten Räumen gut gediehen. Es besteht Grund zu der Annahme, daß Techniker der Antike be-

4 Wintergarten im englisch-japanischen Stil.

5 *Wintergartenvorbau als Hotelrestaurant.*

reits einfache Glasscheiben in Sandformen gossen. Ob diese Errungenschaft mit Pompeji unterging oder in den folgenden Jahrhunderten weiterentwickelt wurde, ist nicht bekannt.
Der wahre Siegeszug der Treibhäuser setzte erst gegen Ende des 15. Jahrhunderts ein. Die Entdeckungsreisen eines Kolumbus oder Vasco da Gama brachten nicht nur revolutionäre Erkenntnisse über andere Erdteile, Völker und Kulturen, sondern auch bis dahin unbekannte exotische Pflanzen und Früchte in die Alte Welt. Unter diesen Früchten spielte die Pomeranze, heute Orange genannt, die bedeutendste Rolle. Sie galt als auserlesene Kostbarkeit, war teuer und entsprechend geschätzt. Der Verzehr von Pomeranzen galt als das Privileg reicher Leute. Wen wundert es, daß schon im 15. Jahrhundert in Italien Orangenbäume gezogen wurden?
Orangenbäume vertrugen damals wie heute keine niederen Temperaturen. Um sie an europäischen Fürstenhöfen heranziehen zu können, mußten sie vor Frost geschützt werden. Fest im Erdreich eingepflanzte Bäume wurden abgedeckt, oft aber nur mit mäßigem Erfolg. Pfiffige Gärtner pflanzten die Bäume bald in Holzkübel, die bei Bedarf

6 Die Orangerie im mittelfränkischen Ansbach.

in geschlossene Räume transportiert werden konnten.

Wenig später entstanden zum Zweck des Orangenbaumschutzes eigene Bauten. Die Orangerie war erfunden. Waren es zunächst auch nur demontierbare Holzschuppen oder umfunktionierte Galerien, die mit Läden zu verschließen waren, so sollte sich gegen Ende des 17. Jahrhunderts für diesen Zweck ein eigener Baustil entwickeln. Schöne Orangerien sind beispielsweise in Kassel oder, etwas schlichter, in Darmstadt oder Ansbach zu bewundern.

Es war natürlich nicht nur die Vernunft und das wirtschaftliche Denken, das diese Prachtbauten hervorbrachte; viel-

7 Lichtdurchflutet luden die Säle der Orangerien zum Festefeiern ein. Heute dienen sie meist als behördliche Nutzräume.

mehr waren es die Fürsten leid, neben ihren Schlössern Provisorien zu dulden. Die massiv und stilgenau ergänzte Orangerie lud außer dem profanen Zweck auch noch zum Lustwandeln ein.

Auch diese Bauten waren noch sehr schlecht bis gar nicht wärmeisoliert. Bis zum 17. Jahrhundert wurde Glas nur in Butzen- oder Rautenform hergestellt und bei großflächiger Verwendung entsprechend teuer. Der Erfinder, Louis Lucas de Nehou, ermöglichte ab 1688 mit seinem neuen Gieß- und Walzverfahren größere Glasscheiben zu fertigen. Fortan war das verstärkte Interesse an großen Wintergärten und Gewächshäusern festzustellen. Wenige Jahre später bildete sich als Grundtyp ein Gewächshaus heraus, dessen Südfassade und abgeschrägtes Dach aus Glas, alle anderen Seiten aber aus massivem Mauerwerk bestand. Aus Gründen der besseren Wärmedämmung wurden die rückseitigen Mauern (die Nordseite) zweischalig gemauert oder ein Nebenraum angebaut, der als Puffer wirkte. Besonders empfindliche Pflanzen bedurften zusätzlicher Wärme. Transportable Öfen erfüllten diesen Zweck, hatten aber den gravierenden Nachteil, daß direkt neben ihnen die Blätter verwelkten, an entfernteren Gewächshausbereichen die Wärmezufuhr dagegen ungenügend war.

Erst eine neue Heiztechnik schaffte Abhilfe: die schon den Römern nachgesagte Hypokaustenheizung. Ein Ofen im Gewächshaus-Nebenraum entließ seine Rauchgase in Heizkanäle, die in der zweischaligen Mauer verlegt waren. Hatten die heißen Gase einen Teil ihrer Energie an das Mauerwerk abgegeben, traten sie durch einen Schornstein ins Freie. Die erwärmte Steinwand strahlte dann ähnlich einem Kachelofen milde Wärme an die Pflanzen ab.

In der Mitte des 18. Jahrhunderts war der Höhepunkt der Orangerie erreicht. Aus dem ehemaligen reinen Nutzbau war ein repräsentatives Gebäude entstanden, das oft nurmehr dem Selbstzweck diente. Die Überwinterung von Orangenbäumen war Nebensache geworden.

> »Wenn erst einmal zukünftige Verbesserungen in der Beheizung und der Ventilation das künstliche Klima dem Klima, das es imitiert, ebenbürtig oder überlegen gemacht haben, dann wird ein solcher Anbau an den Familiensitz nicht nur in medizinischer Hinsicht nützlich sein, sondern auch elegant und luxuriös als Aufenthaltsraum . . . bei ungünstigem Wetter. Vielleicht wird sogar die Zeit kommen, in der solche künstlichen Klimate nicht nur mit passenden Vögeln, Fischen und harmlosen Tieren ausgestattet werden, sondern auch mit Beispielen der menschlichen Spezies aus den verschiedenen nachgeahmten Ländern, die, in ihre eigenen Kostüme eingekleidet, als Gärtner oder Verwalter . . . dienen. Aber dieses Thema ist zu neu und zu seltsam, um es zur Diskussion zu stellen, ohne beim allgemeinen Leser der Lächerlichkeit anheimzufallen.«
>
> Zitat von John Claudius Loudon, 1817.

8 Mit filigranen Eisenkonstruktionen ließen sich die gläsernen Anbauten gut an jeden Baustil anpassen.

9 Solche schönen Anbauten kann man noch vielerorts bewundern, es gilt nur, den Blick dafür zu schärfen.

Dieser berühmte englische Architekt und Gartenplaner verfeinerte und vervollkommnete die Technik des Wintergartenbaus im 19. Jahrhundert. England stand ohnehin in vielen industriellen Disziplinen auf Rang eins in Europa, so auch im Wintergartenbau. Noch immer galt es, einen gut funktionierenden Bau mit Ästhetik zu verbinden. Das Zeitalter der Eisenverhüttung ersetzte die bislang aus Mauern und Fenstern bestehenden Gewächshäuser durch Kunstwerke aus Stahl und Glas. Diese filigrane Bauweise hatte dazu den Vorteil, der Sonne noch größere Einstrahlung zu ermöglichen. Englische Ingenieure übertrugen die aufkommende Dampfheizung (damals ein ungeheuerer Komfort) auch in die Wintergärten, als Fußbodenheizung verlegt. Diese Technik war ideale Voraussetzung für den sich langsam wandelnden Zeitgeschmack bezüglich der Bepflanzung. Die Zeit der Zitrusbäume war vorbei, es galt, tropische Pflanzen zu ziehen. Die Palmen in den Wintergärten hatten damals wahrscheinlich dieselbe Aufgabe wie die Palmen in unseren Hochglanz-Urlaubsprospekten: sie luden zum Träumen von fernen Ländern und Abenteuern ein.

Ab Mitte des 19. Jahrhunderts wandelte sich der vornehme, öffentlich oder im Auftrag von Reichen erbaute Wintergarten allmählich auch zu einer für normale Bürger interessanten Wohnvariante. In einschlägigen Zeitschriften erging an Architekten die Aufforderung, den Wintergartenbau als interessante und einträgliche Beschäftigung anzusehen. Wintergärten wurden für jedermann erschwinglich. Dies war vor allem möglich, weil schon zu dieser Zeit von spezialisierten Versandhäusern Glashäuser aus dem Katalog angeboten wurden. Die Bausätze waren zwar kaum im »Do-it-yourself«-Verfahren zusammenzufügen, boten den Handwerksfirmen aber den großen Vorteil, kostengünstig vorgefertigte Teile einsetzen zu können. Die erzielbaren Grundrisse waren dank der Gestaltungsvielfalt des Stoffes Gußeisen rund, oval, rechteckig oder vieleckig und erreichten Ausmaße (Bild 8), die wir uns für Bausatzsysteme heute kaum vorstellen können. Die Fertigglashaus-Hersteller übertrumpften sich gegenseitig mit möglichst vielgestaltigen, aus vielen Baustilen entlehnten Formen. Diese überreich ornamentierten Formen entsprachen dem Geschmack einer Zeit, dem nichts exotisch genug sein konnte. Parallel zu dieser Entwicklung mauserten sich die großen öffentlichen Wintergärten immer mehr zu Publikumsmagneten. Kaum ein Kur- oder Badeort, der auf sich hielt, konnte noch ohne Wintergarten auskommen. Bald erschien der Begriff »Wintergarten« nicht mehr nobel genug, es mußte ein »Winterpalast« oder gar ein »Kristallpalast« sein. Es konnte im Zuge dieser Entwicklung natürlich nicht ausbleiben, daß geschäftstüchtige Kaufleute den Trend erkannten. In vielen europäischen Großstädten entstanden Winterpaläste als Mehrzweckbauten; etwa mit unseren heutigen Freizeitparks vergleichbar.

Es kommt alles wieder.

Wir können mit dem Bau von Wintergärten durchaus auf historische Vorbilder zurückgreifen, wenn sich auch Stil, Aussehen und Nutzeffekt radikal verändert haben. Wintergartenbau ist nicht, wie viele Zeitgenossen annehmen, eine Erfindung unserer energiepreisgebeutelten Zeit.

Warum wollen wir die Sonne einfangen?

Das Licht der Sonne ist der Taktgeber unserer inneren Uhr und steuert unsere Organfunktionen von der Geburt bis zum Tod.

Das einfallende Licht wirkt über die Augen und Sehnerven auf die Zirbeldrüse. Bleibt das Licht weg, zum Beispiel bei wolkenverhangenem Himmel, produziert die Zirbeldrüse den Stoff Melatonin. Diese Substanz – ein Hormon – verlangsamt unsere Reaktionszeit und kann uns sogar schwermütig und depressiv machen. Dadurch erklärt sich, daß viele Menschen den Winter als die graue Jahreszeit betrachten und sich unwohl fühlen. Besonders ausgeprägt ist dieses Phänomen bei nördlich des Polarkreises lebenden Menschen. Dort

10 Von diesem geschützten Platz läßt sich der Ausblick auf den schön angelegten Garten bei jedem Wetter genießen.

geht in den Wintermonaten die Sonne überhaupt nicht auf. Während der langen Polarnacht klagen Eskimos über Stoffwechselstörungen und Teilnehmer an Arktis-Expeditionen berichten über Bluthochdruck, Schlaflosigkeit, Niedergeschlagenheit und Aggressionen. Diese Beschwerden lassen nach, sobald wieder Sonnenlicht »getankt« werden kann.

Die Sonne wirkt auch über die Haut auf uns ein. In der Haut wird mit Hilfe der ultravioletten Strahlen Vitamin D gebildet. Dieses Vitamin sorgt in den Zellen der Darmschleimhaut dafür, daß aus der Nahrung genügend Kalk für die Knochenbildung des menschlichen Körpers aufgenommen wird. Fehlt diese Kalkaufnahme über längere Zeit, erhöht sich die Gefahr, an Rachitis (auch bekannt als »englische Krankheit«) zu erkranken.

Kurz gesagt kann es für uns nur vorteilhaft sein, wenn wir möglichst oft Sonnenstrahlen einfangen, um gesund und fit zu bleiben.

Beim sommerlichen Sonnenangebot genügt es, täglich eine viertel Stunde zu sonnen. Im Winter aber ist es noch wichtiger, viel Sonnenlicht aufzunehmen. Zu empfehlen sind mindestens 30 Minuten bis eine Stunde pro Tag.

Wer nicht ausreichend Licht bekommt (natürliches oder künstliches), muß Vitamin D über die Nahrung aufnehmen, beispielsweise mit Lebertran.

Die zunächst naheliegende Schlußfolgerung, soviel Sonne wie nur irgend möglich aufzunehmen, kann fatale Folgen haben. Erhält die Haut zuviel UV-Licht zugeführt, wird sie unsensibel für die Vitamin D-Produktion. Dieser Fall kann bei zu intensiver Bräunung im Hochsommer oder unter der Sonnenbank eintreten.

Im sonnenarmen Winter nimmt die helle, blasse Haut UV-Licht besonders intensiv auf. Wie können wir diesen Umstand nutzen? Sie werden es schon erraten: mit Hilfe des Wintergartens.

Der Verfasser hat es sich zur Aufgabe gemacht, das Thema Wintergarten so umfassend wie in diesem Rahmen möglich zu behandeln. Sie sollen nach der Lektüre in der Lage sein, Vorteile, Risiken, Gewinn und Unwägbarkeiten abschätzen zu können, die mit der Planung und dem Bau eines Wintergartens einhergehen. Nicht zuletzt kann Ihnen dieses Buch helfen, vor dem Gespräch mit Ihrem Architekten möglichst viel Basiswissen zu sammeln, um ein für beide Seiten sinnvolles Planungsgespräch führen zu können.

Wie kann man Sonnenenergie nutzen?

Wenn man von der Direktumwandlung des Sonnenlichts in Strom durch photovoltaische Vorgänge absieht, gibt es zwei Kategorien:

Mit einem aktiven Solarsystem

Zur Gewinnung und Speicherung der Sonnenenergie sind »aktive« Elemente wie Kollektoren, Pumpen, Leitungen und Speicher nötig. Die Kollektoren sammeln aufgrund ihrer dunklen Oberfläche die auftreffenden Sonnenstrahlen und übertragen sie an ein anderes, kühleres Medium, meist Wasser. Das erwärmte Wasser wird erst in einen Speicher und von dort zum Verbraucher geleitet. Die Nachteile dieses Systems, an dessen Verbesserung von namhaf-

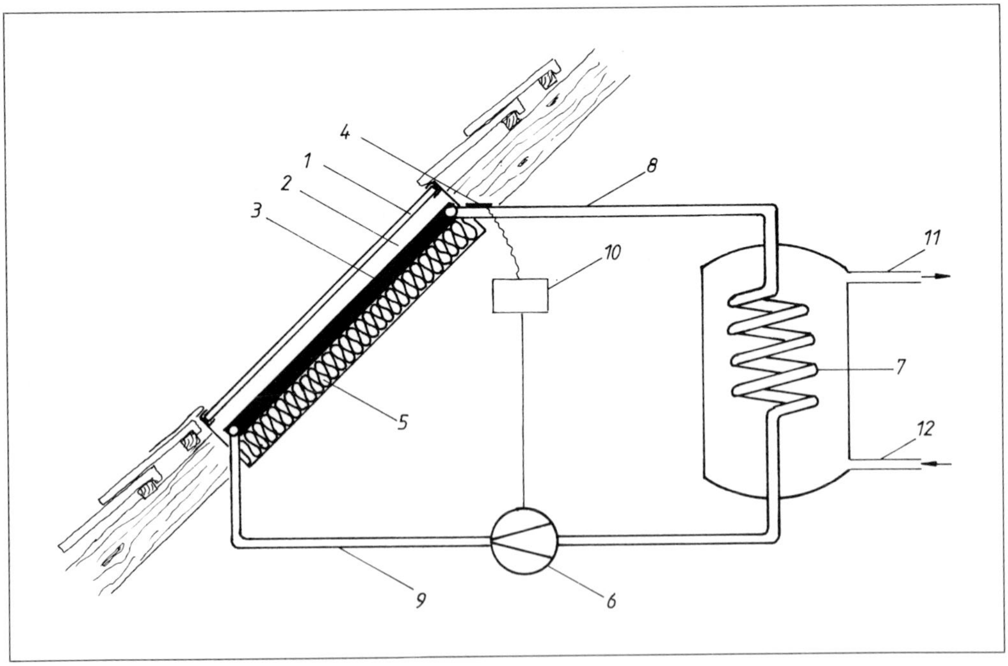

11 So kann eine Sonnenkollektoranlage funktionieren: 1 Glasscheibe, 2 Luftzwischenraum, 3 Absorber aus dunkel gestrichenem Metall oder schwarzem Kunststoff, 4 Rohranlegefühler, 5 Isolierung, 6 Umwälzpumpe, 7 Rohrwärmetauscher, 8 Vorlaufleitung, 9 Rücklaufleitung, 10 Steuergerät, 11 Warmwasserabfluß aus Boiler, 12 Kaltwasserzufluß.

ten Firmen und Universitäten laufend gearbeitet wird, sind:
Die größte zu gewinnende Energiemenge fällt im Hochsommer an, wenn der Energiebedarf des Hauses (vor allem Heizung) gering ist. Im Winter oder in Übergangszeiten dagegen sind die Energiegewinne im Verhältnis zum baulichen Aufwand bescheiden und erbringen in der Regel nur einen Bruchteil des tatsächlichen Energiebedarfs.
Der im Sommer gebotene Energie-»Überfluß« müßte bis in den Winter hinein gespeichert werden können, wenn seine Gewinnung sinnvoll sein soll. Dies ist jedoch mit den uns bekannten Speichermedien und Kollektortechniken leider noch nicht realisiserbar.

Mit einem passiven System

Im Gegensatz zum aktiven System benötigt das passive keinerlei Hilfsmittel oder Aggregate zur Nutzung der Sonnenenergie. Es genügt das bloße Vorhandensein eines Baukörpers, der Sonnenstrahlen hineinläßt – nach allgemeinem Verständnis eines Glasbaues, der in bestehende Gebäude integriert wird.

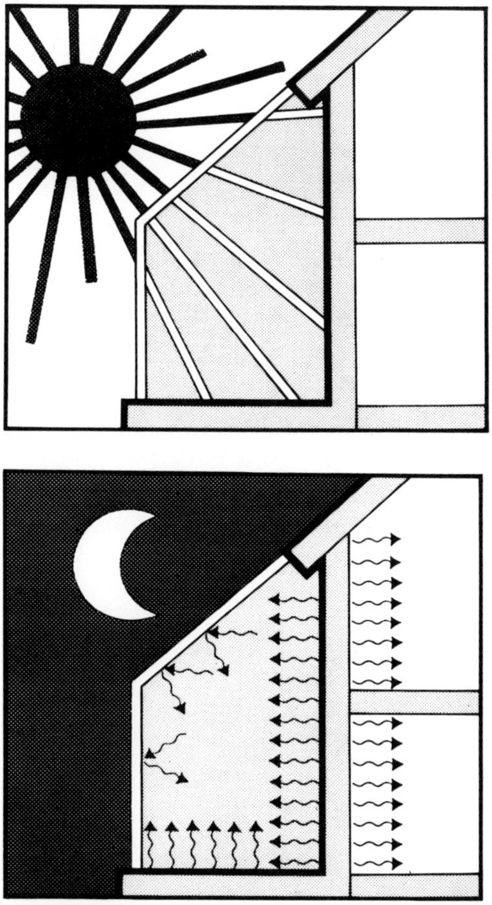

12 Wirkungsweise des Glasanbaus. Tagsüber scheint die Sonne hinein und lädt alle Speichermassen mit Wärme auf, die nachts als langwellige Wärmestrahlung wieder an die Umgebung abgegeben wird.

Wie funktioniert der Wintergarten?

Das Gewächshaus, das Treibhaus oder der Wintergarten sind vom Wirkprinzip her gleich und nur verschiedene Namen für die gleiche Sache. Die Sonnenstrahlung dringt durch die Verglasung in das Innere des Glashauses und trifft auf den Fußboden und die zum Haus gehörende Rückwand auf. Dort wird die kurzwellige Sonnenstrahlung (etwa 0,4 bis 0,8 μm Wellenlänge) in Wärmeenergie umgewandelt und als langwellige Wärmestrahlung (etwa 11 μm) an die Umgebung innerhalb des Glashauses wieder abgegeben. Ein kleiner Teil der ankommenden Strahlen wird beim Auftreffen reflektiert, ein anderer Teil vom Glas absorbiert und in Wärme umgewandelt. Diese Wärmeenergie wird vom Glas wiederum als langwellige Wärmestrahlung innerhalb und außerhalb des Glashauses abgegeben.

Die Massen des Fußbodens, der Einrichtungsgegenstände und der Wohnhauswand speichern die tagsüber aufgenommene Energie und geben sie abends und nachts wieder an die Umgebung ab. Es hängt vom planerischen Geschick und der baulichen Ausführung des Wintergartens ab, wie intensiv diese aufgesammelte Wärmeenergie genutzt werden kann.

Grundsätzlich gilt: Tagsüber sollte der Wintergarten möglichst viel Sonnenenergie aufnehmen, wenn möglich, abspeichern. Steigt das Energieangebot der Sonne (und damit die Temperatur im Wintergarten) über einen gewissen Wert an, muß der Wintergarten beschattet und/oder belüftet werden.

Nachts gilt es, die tagsüber eingespeicherte Wärme zu erhalten. Daher soll der Wärmeverlust des Wintergartens klein gehalten werden.

Vor dem Bau eines Wintergartens sollten Sie prüfen, ob bereits alle sinnvollen Möglichkeiten ausgeschöpft wurden, die vermeidbaren Wärmeverluste Ihres Hauses zu verringern (Türen, Fenster, Außenwände, Kellerdecken, Dachge-

13 Der Wintergarten nimmt die gesamte Längsseite des Hauses ein. Er bietet einen idealen Sitzplatz im Freien und spart viel Heizenergie.

schoßdecken). Es darf nicht heißen: »Wintergarten statt Wärmeschutz«. Es wäre auch falsch, mit viel Glas (und damit Geld) den Wärmegewinn/die Energieeinsparung einer gut gedämmten Außenwand erreichen zu wollen. Die Aufgabenstellung des Wintergartens ist eine andere und vor allem weitergehende als die der bloßen Wärmedämmung.

Die passive Sonnenenergienutzung kann nur sinnvoll sein, wenn deren Gewinn nicht durch anderweitig mangelnde Wärmedämmung verschenkt wird.

Der Bauherr erwartet vom Wintergarten

- ☐ Schutz vor Wind und Wetter,
- ☐ Saisonverlängerung,
- ☐ längeren Aufenthalt abends im Freien,
- ☐ Hautbräunung im Winter,
- ☐ Raum für Feste und Feiern, die unabhängig vom Wetter stattfinden können,
- ☐ Leben mit Pflanzen, auch seltenen Pflanzen, die in unserem Klima normalerweise nicht gedeihen,
- ☐ gesundes Raumklima, auch für den dahinter befindlichen Wohnraum,
- ☐ Energiegewinn.

14 Tages Arbeit,. . .

15 . . . abends Gäste.

Die eben genannten Anforderungen an den Wintergarten können je nach den speziellen Befürfnissen des Bauherrn geringer oder auch noch umfangreicher sein. In jedem Fall wird zu Recht ein beträchtlicher Gewinn für das tägliche Leben erwartet.

In diesem Zusammenhang erscheint es mir angebracht, die Nutzungsmöglichkeiten verschiedener Ausbaustufen von Hausanbauten zu untersuchen.

Oft ist bei bestehenden Häusern dem Wohnbereich auf der Süd- oder Südwestseite eine Terrasse angegliedert. In unseren Breitengraden läßt sich diese aus Gründen, »durchwachsenen«, meist kühlen Wetters nur an zehn bis zwölf

Prozent aller Tage im Jahr nutzen. Wird diese Terrasse überdacht, steigt der Wert schon auf 18 bis 20 Prozent an, weil der Aufenthalt trotz Regens möglich ist. Geht man nun einen Schritt weiter und verkleidet die noch offenen Seiten ebenfalls einschalig mit Glas (ohne jede Lüftung), ergibt sich eine Nutzungsmöglichkeit von etwa 30 Prozent. Der sogenannte k-Wert liegt dabei zwischen vier und fünf.
Was sagt uns diese Zahl?
Dieser Wert wird in Watt pro Quadratmeter mal Grad Kelvin [$W/m^2 \times K$] (früher Celsius) angegeben. Er zeigt an, welche Energiemenge in Watt pro m^2 multipliziert mit der Temperaturdifferenz zwischen innen und außen durch die Verglasung entweichen kann. In unserem Beispiel wären es also vier bis fünf Watt pro m^2 und Grad Kelvin.
Eine einfache Beispielsrechnung: Nehmen wir an, der Glasanbau habe 30 m^2 Außenflächen. Die Außentemperatur sei 0 Grad, während die Wohnraum- und Glashaustemperatur 20 Grad betrage. Bei einem k-Wert von fünf ergeben sich als Energieverlust 5×30 m^2 $\times$ 20 Grad Differenz = 3000 Watt oder drei Kilowatt.

Wird der vorgenannte Glasbau belüftet und gegen zu hohe Sonneneinstrahlung geschützt, kann er schon etwa neun Monate im Jahr (75 Prozent) genutzt werden.

Dieser Wert erhöht sich auf 85 Prozent, wenn der Wärmeverlust der Scheiben durch Verwendung von Isolierglas auf 2,5 bis 3 $W/m^2 \times K$ vermindert wird.

Eine 100prozentige Nutzung ist gegeben beim Ausschöpfen aller Belüftungs- und Schattierungstechniken, bestem Material, sauberer Bauausführung und einer Heizung für extrem kalte Tage und Nächte.

Standort, Planung und Vorschriften

Für viele Bauherren mag sich der Standort eines zu errichtenden Wintergartens nicht als Frage stellen, denn er liegt durch die baulichen Gegebenheiten bereits fest. Manchmal aber dürfte dieser scheinbare Sachzwang einer genaueren Betrachtung nicht standhalten.

Im Normalfall wird ein Wintergarten genau da an das bestehende Haus angebaut, wo er aus technischer Sicht den meisten Gewinn und für die Bewohner den größten Nutzen bringt. Dies wird in der Regel die Süd- oder Südwestseite eines Gebäudes sein. Von dieser Regel gibt es aber selbstverständlich Ausnahmen.

Eine dieser in den letzten Jahren immer wieder diskutierten Ausnahmen ist der Wintergarten auf der Nordseite eines Hauses, von dem behauptet wird, spezifisch mehr Energieeinsparung zu bewirken als der südseitig orientierte Glasanbau.

Was ist dran an dieser Aussage?

In der Mehrzahl unserer Häuser sind die Wohnräume zur Südseite hin angeordnet und die wenig beheizten Schlaf- und Nebenräume nach Norden. Sollte dies aus standorttypischen Gründen einmal nicht möglich sein und sich die Raumaufteilung zwangsläufig anders gestalten (Nordhangbebauung, schönere Aussicht nach Norden, laute Straße im Süden und so weiter), so gilt die Energiesparrechnung natürlich auch für einen nordseitig orientierten Wintergarten. Allerdings bringt er keine Energie, da keine oder nur sehr geringfügige direkte Sonnenbestrahlung möglich ist. Die nordorientierten Glasanbauten wirken als Pufferzonen und vermindern dadurch den Energieverlust des rückwärtigen Hauses. Da die Nordseite energetisch der größte Verlustbringer ist, wirkt sich die bessere Klimapufferung durch

Tabelle 2: Klima-Normalwerte über ein Jahr in München

Werte	Jan.	Feb.	März	Apr.	Mai	Jun.	Jul.	Aug.	Sept.	Okt.	Nov.	Dez.
Monatshöchsttemperatur in Grad Celsius	8,6	10,2	16	20	25,3	27,5	29,3	28,3	25,3	19,8	13,7	9,3
Monatstiefsttemperatur in Grad Celsius	– 16	– 13	– 8,8	– 3,5	0,3	5,0	7,2	6,4	2,2	– 2,7	– 8,3	– 13,2
Niederschlagshöhe in mm	51	40	51	74	102	119	124	104	95	63	48	53
Sonnenscheindauer in Std.	53	87	133	162	211	219	242	233	174	124	57	37
Tage ohne Frost	5	4	16	alle	alle	alle	alle	alle	alle	alle	16	13
Heitere Tage	2	3	5	4	4	4	5	6	6	4	2	1
Tage mit Wolken	13	13	14	14	17	16	16	17	14	15	12	12
Trübe Tage	16	12	12	12	10	10	10	8	10	12	16	18

Tabelle 3: Wintergarten – Checkliste

1	Welchen Lebensrhythmus hat die Familie (Feierabend, Freizeitwünsche, oder ähnliches)?	
2	In welcher Himmelsrichtung steht wann die Sonne? um 8 Uhr .... um 12 Uhr .... 18 Uhr	
3	Welcher Standort ist für den Wintergarten ideal?	
4	Darf der Wintergarten von allen Seiten einsehbar sein?	ja/nein
5	Sind Nachbargebäude im Weg?	ja/nein
6	Wollen Sie Sicht nach oben haben?	ja/nein
7	Wollen Sie im Wintergarten bräunen? Ja, dann muß UV-durchlässiges Material verwendet werden. Nein, dann gibt es keine Einschränkungen bei der Materialwahl.	
8	Soll der Anbau ganzjährig nutzbar sein? Wenn ja, dann ist eine Heizung erforderlich.	
9	Erhalten Sie die Genehmigung der Nachbarn?	ja/nein
10	Muß gemäß den lokal geltenden Bauvorschriften der Wintergarten genehmigt werden?	ja/nein
11	Sind dem Vorhaben schnellwachsende Gehölze im Weg? Laubbäume? Diese können im Sommer Schatten spenden. Nadelbäume? Nicht so gut, da sie auch im Winter abschatten.	
12	Wollen Sie mit dem Wintergarten Energie gewinnen?	ja/nein
13	Wollen Sie andere Hausteile mit dieser Energie heizen?	ja/nein
14	Soll Brauchwasser erwärmt werden?	ja/nein
15	Haben oder planen Sie einen Energie-Speicher?	ja/nein
16	Ist der Einbau eines Schwimmbades vorgesehen?	ja/nein
17	Stehen andere Renovierungs-/Änderungsarbeiten an, die sich mit dem Wintergartenbau verbinden lassen?	ja/nein
18	Wollen Sie heimische Pflanzen ziehen? bis ....Grad Celsius	
19	Sind tropische Pflanzen Ihr Hobby? Dann ist auf jeden Fall eine Heizung erforderlich. Die notwendige Temperatur für Ihre Pflanzen ist .... Grad Celsius	ja/nein
20	Sind Sie nur an Pflanzenzucht im Wintergarten interessiert? Genügt auch ein (wesentlich kostengünstigeres) Wintergartenfenster?	ja/nein

den Glasanbau auch spezifisch höher aus.

Absolut gesehen ist der südorientierte Wintergarten gewinnbringender. Bei optimaler Planung lassen sich sogar ± k-Werte oder Plus-k-Werte erreichen. Das heißt: der Wintergarten bringt ganzjährig mehr Energie, als er kostet.

Es gibt noch mehrere Gründe, den Standort genau zu planen (siehe auch Tabelle 3).

Die überwiegende Zahl der Hausbesitzer wohnt nicht in freistehenden Häusern auf großen Arealen, sondern im engen Bereich von Städten, Dörfern und Siedlungen mit begrenzten Grundstücksgrößen. Dies erfordert gegenseitige nachbarliche Rücksichtnahme in jeder Hinsicht. Aus der Sicht des Wintergarten-Bauherrn ist es wichtig, ob sein Nachbar den Bau tolerieren kann und will. Würde er dadurch beeinträchtigt? Ebenso ist es für eine Familie wichtig, in einem Glashaus nicht wie auf dem »Präsentierteller« zu sitzen. Der Wintergarten sollte eine Ruhezone sein, die nicht von Passanten eingesehen werden kann.

Am wichtigsten ist allerdings, ob die Sonne möglichst ganztägig ungehinderten Zutritt zu Ihrem Glashaus hat. Befinden sich Bäume vor Ihrem geplanten Wintergarten? Auch heute noch zierliche Gewächse können in wenigen Jahren zu gewaltigen Schattenspendern herangewachsen sein. Bei dieser Betrachtung müssen wir allerdings zwischen Laub- und Nadelbäumen unterscheiden: Nadelbäume behalten ihre Nadeln ganzjährig, lichten also nicht aus. Laubbäume hingegen spenden im Sommer wohltuenden Schatten, werfen aber im Herbst die Blätter ab und lassen den Sonnenstrahlen ungehinderten Durchtritt. Dieser Effekt ist höchst erwünscht. Ein oder zwei Laubbäume vor Ihrem Wintergarten sollten Sie als ideale Voraussetzung in Ihrem Standortkonzept einplanen.

Der Sonneneinfallswinkel ist jahreszeitenabhängig. Im Sommer steht unser Zentralgestirn hoch am Himmel, im Winter hingegen bewegt es sich nur kurz über dem Horizont (siehe Bild 17). Für den Wintergarten-Bauherrn stellt sich

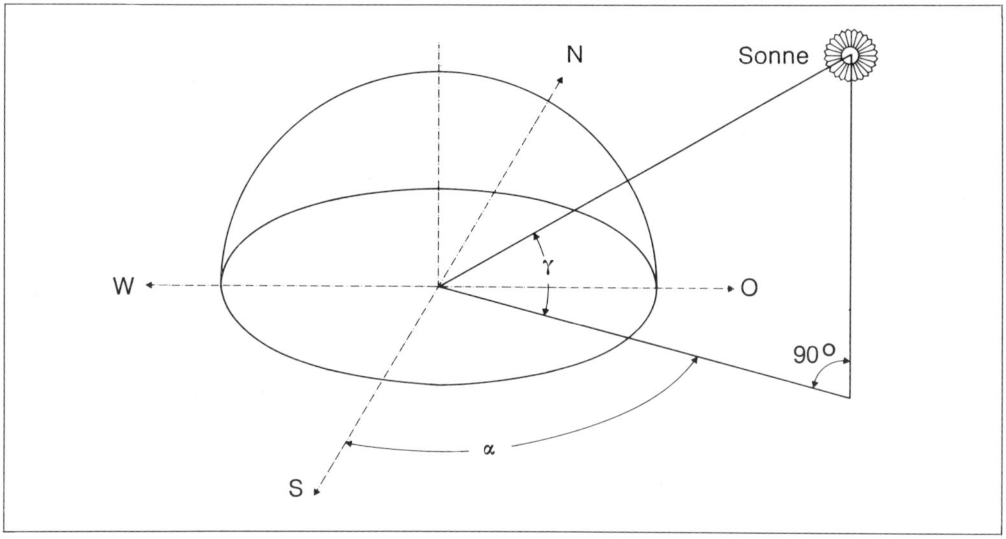

16 Der Sonnenstand und die Sonnenbahn ändern sich im Laufe des Jahres.

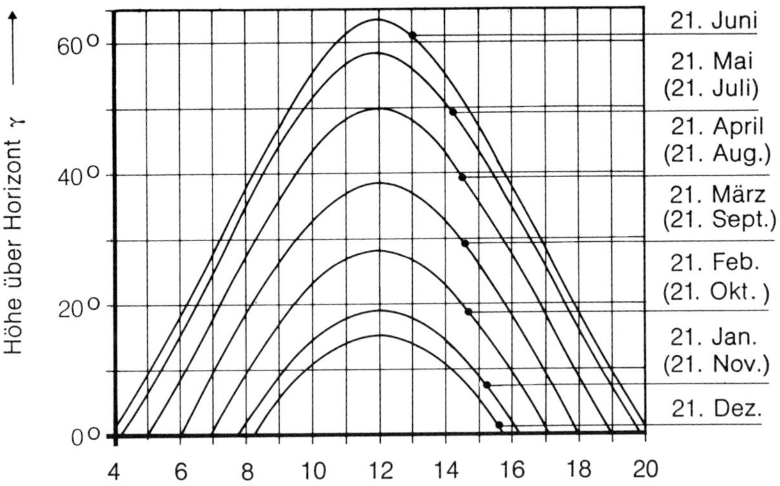

17 Sonnenhöhe über dem Horizont, gemessen als Winkel. Beispiel: am 21. Mai und am 21. Juli mittags bescheint uns die Sonne aus einem Winkel von 50 Grad.

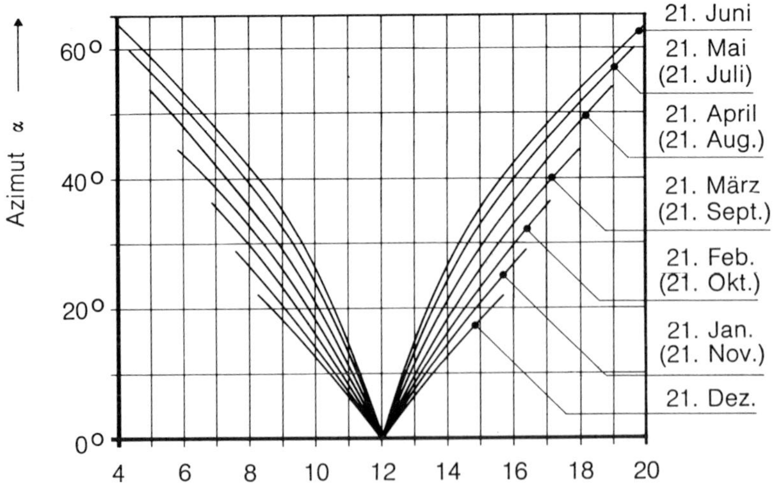

18 Sie werden schon festgestellt haben, daß die Sonne im Sommer einen größeren Kreisbogen beschreibt als im Winter. Er läßt sich als Azimutwinkel darstellen. Zur Sommersonnenwende am 21. Juni ist der Kreisbogen am größten, am 21. Dezember am kleinsten.

die Aufgabe, festzustellen, ob die Sonneneinstrahlung auch im Winter gewährleistet ist, oder ob zum Beispiel ein Nachbargebäude dann lange Schatten wirft. Zu diesem Zweck ist es sinnvoll, den tatsächlichen Einstrahlungswinkel festzustellen. Im Winter ist dies durch bloßen Augenschein möglich, im Sommer muß es experimentell festgestellt werden. Hierzu spannt man vom höchsten Punkt des betreffenden Nachbargebäudes eine Schnur im Winkel von etwa 17 Grad gegenüber dem Erdboden in Nord-Süd-Richtung. Dort, wo das Schnurende den Erdboden berührt, ist am 21. Dezember mittags das Schattenende zu erwarten. Dann stellt sich heraus, ob der von Ihnen vorgesehene Standort auch im Winter sonnenbeschienen ist. Dies sollte unter allen Umständen der Fall sein.

Ein oft unterschätzer Punkt ist der Lebensrhythmus der Hausbewohner. Was würde Ihnen beispielsweise ein westorientierter Wintergarten nutzen, wenn Ihr Beruf Sie zwingt, abends zu arbeiten. Sie würden nie in den Genuß der Abendsonne kommen. Es wäre auch nicht sinnvoll, einem Spätaufsteher zu einem Wintergarten an der Ostseite des Hauses zu raten, denn er hätte kaum etwas davon.

Überlegen Sie im Laufe Ihrer Planung genau, zu welchen Tageszeiten Sie Ihren Wintergarten nutzen wollen und können. Als Grundlage kann ein skizzierter Tagesablauf der Familie dienen. Wann haben die Berufstätigen Feierabend, können die schulpflichtigen Kinder das Glashaus nutzen und so weiter. Ein weiterer Gesichtspunkt der Nutzbarkeit durch die Bewohner sind die gewünschten Lichtverhältnisse. Sollten Sie dem Hobby Malen frönen oder als Freiberufler Ihr Büro im Wintergarten eröffnen wollen, wäre Ihnen mit einem Nord-Wintergarten besser gedient, weil dort diffuses, weniger blendendes Licht zur Verfügung steht.

Eine letzte Überlegung gilt den für den Wintergarten vorgesehenen Pflanzen. Welches Temperaturniveau fordern und vertragen sie, oder brauchen empfindliche Pflanzen sogar besondere Lichtverhältnisse?

Nun komme ich nochmals auf die in vielen Fällen vorhandene Terrasse zurück. Bei der ursprünglichen Konzeption des Hauses wurde ihr mit Sicherheit vom Architekten schon der optimale Platz zugedacht. Aufgrund der damit geschaffenen baulichen Voraussetzungen (Fundament, Terrassenbelag und so weiter) halte ich es für sinnvoll, den Wintergartenstandort auf der Terrasse festzulegen. Nur dann, wenn diese Fläche durch wesentliche Änderungen (nachbarlich Bebauung oder laute Straße) entwertet wurde, lohnt es sich über den Standort neu nachzudenken.

Planung

Zwar erreicht der Bauumfang eines Wintergartens bei weitem nicht den eines kompletten Wohngebäudes, jedoch muß auch hier sorgfältig geplant werden. Je exakter Sie planen, um so genauer haben sie die Kosten im Griff und sind gegen unliebsame und vielleicht sogar gefährliche Überraschungen gewappnet.

19 Viele Fenster auf drei Seiten sammeln die Sonne.

Aus Ihrer Standortanalyse geht hervor, an welcher Stelle des Hauses der Wintergarten angesetzt werden soll. Bleibt es bei der Terrassenbebauung, entstehen keine Zusatzkosten für Fundament und Bodenbelag.

In zunehmendem Maß wird der Wintergarten schon bei Neubauten mitkonzipiert und sofort oder – etwa aus finanziellen Gründen – später verwirklicht. Der größte Bedarf an Glasanbauten besteht aber bei bestehenden Gebäuden. Die Erfahrung lehrt, daß die Bewohner eines Hauses im Laufe der Jahre wechselnde Anforderungen an ihr Domizil stellen. Oft ergeben sich dadurch Änderungswünsche. Beispiele dafür sind: größere Wohnraumfenster, größere oder besser gedämmte Terrassentür, Außenwärmedämmung, bestehende Dichtungsprobleme auf angebauten Flachdachgaragen. Im letzten Fall erhalten die Garagen einen Überbau aus Glas, der vom ersten Stock des Hauses aus als Wintergarten genutzt werden kann. Das Garagendach dient als Fußboden.

Bei der Planung müssen folgende Fragen beantwortet werden:

1. Ist mit der Einwilligung des Nachbarn zu rechnen?

20 Hier entsteht ein künftiger Eßplatz.

2. Muß für den Bau ein Architekt hinzugezogen werden?
3. Ist ein Statiker einzuschalten?
4. Wie wird der Anbau finanziert?
5. Sind steuerliche Auswirkungen zu erwarten?
6. Betrifft der Anbau versicherungsrechtliche Fragen?
   Wohnen Sie neben einem Flughafen oder sind Überschallknalle zu befürchten?
7. Ist für den Wintergarten eine Baugenehmigung erforderlich?
8. Wahl des Wintergartentyps.

Zu 1. Dies sollten Sie vor allen anderen Fragen klären.

Zu 2. Es bedarf Ihrer gesunden Selbsteinschätzung, ob Sie ihren Wintergarten selbst planen, entwerfen und bauen können, oder sich aus Sicherheitsgründen die Mitarbeit eines erfahrenen Architekten sichern. Wenn er ähnliche Aufgaben schon bewältigt hat, kann er Ihnen sicher nützliche Anregungen geben.

Zu 3. Der Statiker ist immer dann einzuschalten, wenn eine gewisse Größenordnung des Glasbaus überschritten wird und keine vorgefertigten Normbauteile verwendet werden.

Zu 4. Es ist für manche Banken und Sparkassen ein Unterschied, ob Sie

21 *In Verbindung mit der großzügigen Terrasse läßt sich der Anbau gut nutzen.*

22 *Entwässerung der ins Dach integrierten Kupferrinne.*

»nur« ein Anlehngewächshaus oder eine vollwertige, energiesparende Wohnraumerweiterung finanzieren wollen. Klären Sie vorab, welche Anforderungen und Vorstellungen die Bank hat.

Zu 5. Für das Finanzamt kann es ebenfalls ein Unterschied sein, ob der Anbau als Gewächshaus oder als Wohnraumerweiterung einzustufen ist. Ersteres wird in der Regel der privaten Lebensführung (Hobby) zugerechnet und ist nicht abschreibbar. Eine Wohnraumerweiterung durch den Glasbau erhöht jedoch den abschreibungsfähigen Wert des Gesamtgebäudes. Klären Sie aber, ob durch den Anbau Wohnflächengren-

zen überschritten würden und welche steuerlichen Auswirkungen dies hätte.
Zu 6. Glasschäden an Wintergärten sind im Rahmen von Hausratversicherungen oder Glasversicherungen abdeckbar. Es ist sicher vorteilhaft, eine Versicherung bereits vor Baubeginn abzuschließen, um Schäden während des Baus mit abzudecken. Berechnen Sie später genau, welchem jährlichen Schadenaufwand der Versicherungsjahresbeitrag entspricht. Es könnte sein, daß die Beitragshöhe dem Wert mehrerer Scheiben entspricht.
Zu 7. In der Regel ja, wenn bestimmte Größen überschritten werden. Ein bisher gültiger Richtwert war, daß Glasbauten bis zehn Kubikmeter Rauminhalt genehmigungsfrei waren. Die Vorschriften sind in den einzelnen Bundesländern unterschiedlich und müssen erfragt werden.

Vorschriften

Wie so oft hat der Gesetzgeber vor Ihre baulichen Aktivitäten die Hürde der Genehmigung gestellt. Den Wintergarten oder Glashausbau betreffende Vorschriften sind auf Ebene der Bundesländer geregelt. Leider ist es immer noch so, daß dem auskunftsuchenden Bauherrn unterschiedliche Auslegungen noch nicht exakt definierter Bauvorschriften geboten werden. Der Bauherr sollte diesen Mangel an Einheitlichkeit durch gezieltes, gut geplantes Vorgehen ausnützen. Viele Genehmigungsbeamte können sich in ihren Entscheidungen zum Thema Wintergarten nicht auf exakt auslegbare Bestimmungen stützen und reagieren daher bei entsprechenden Anfragen erst einmal übervorsichtig.
Was sollten Sie vor dem Bauantrag erledigen?

Fragen Sie auf Ihrer Gemeinde- oder Stadtverwaltung nach dem gültigen Bebauungsplan. Hierin sind geregelt:
- ☐ wie ein Grundstück bebaut werden kann,
- ☐ wie es genutzt werden darf,
- ☐ welche Granzabstände einzuhalten sind,
- ☐ welche Bauform vorgeschrieben ist,
- ☐ wie die äußere Gestaltung des Baus beschaffen sein muß.

Im letzten Punkt dieser Aufstellung kann in jüngster Zeit der Passus enthalten sein, daß Glasanbauten grundsätzlich zulässig sind. Dies vereinfacht Ihr Vorhaben.
Besonders wichtig für künftige Neubauherrn:
Wenn Sie erfahren, daß ein Bebauungsplan von der Gemeinde erstellt wird, stellen Sie als betroffener Bürger die Forderung, einen diesbezüglichen Passus (im Amtsdeutsch: Festlegung von Sekundärzonen) in den Plan aufzunehmen. Es gibt kein sachliches Argument dagegen!
Nun sollten Sie, ausgerüstet mit Plänen des bestehenden Gebäudes und Skizzen des Anbaus sowie einem Lageplan 1:1000 persönlich bei der Baugenehmigungsbehörde vorsprechen. Der Sachbearbeiter wird Ihnen, meist unter Vorbehalt, mitteilen, ob das Bauvorhaben

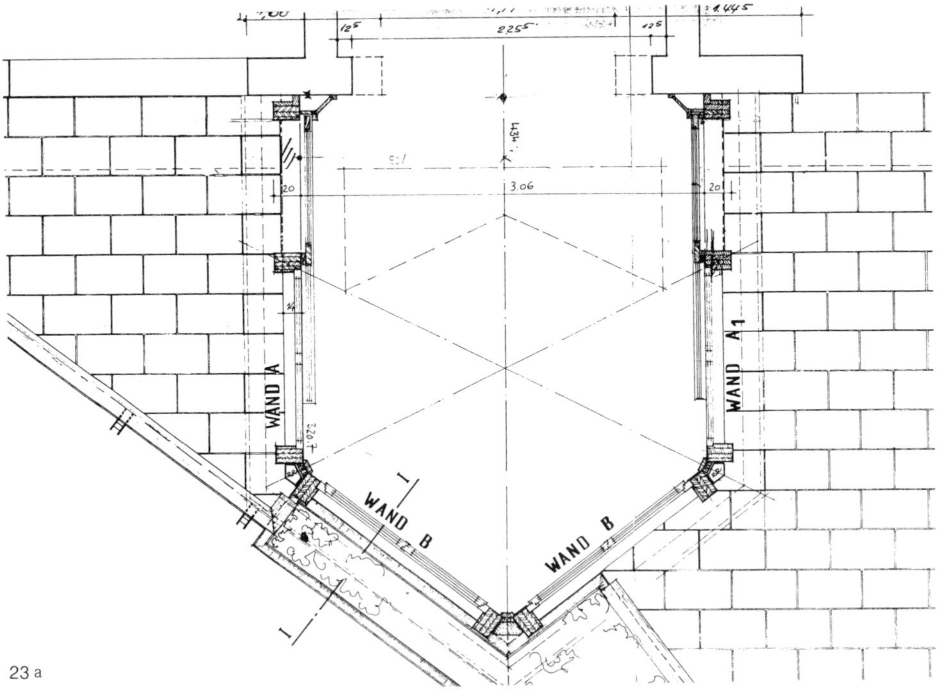

23 a

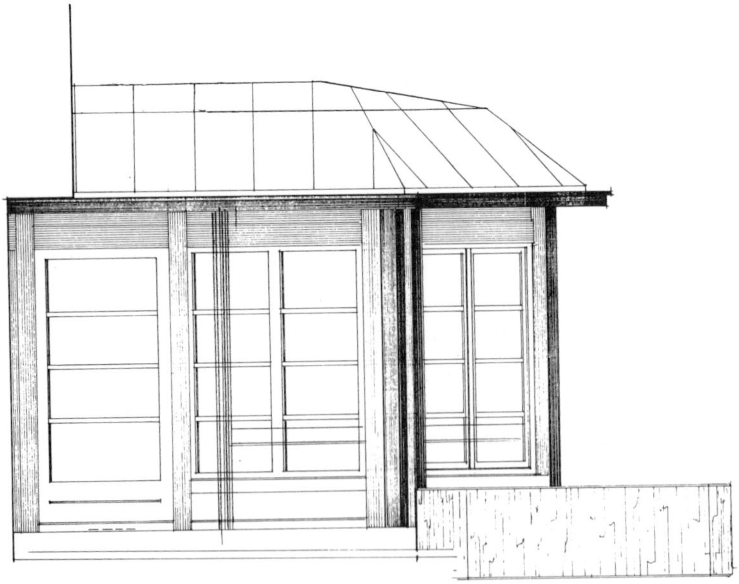

23b

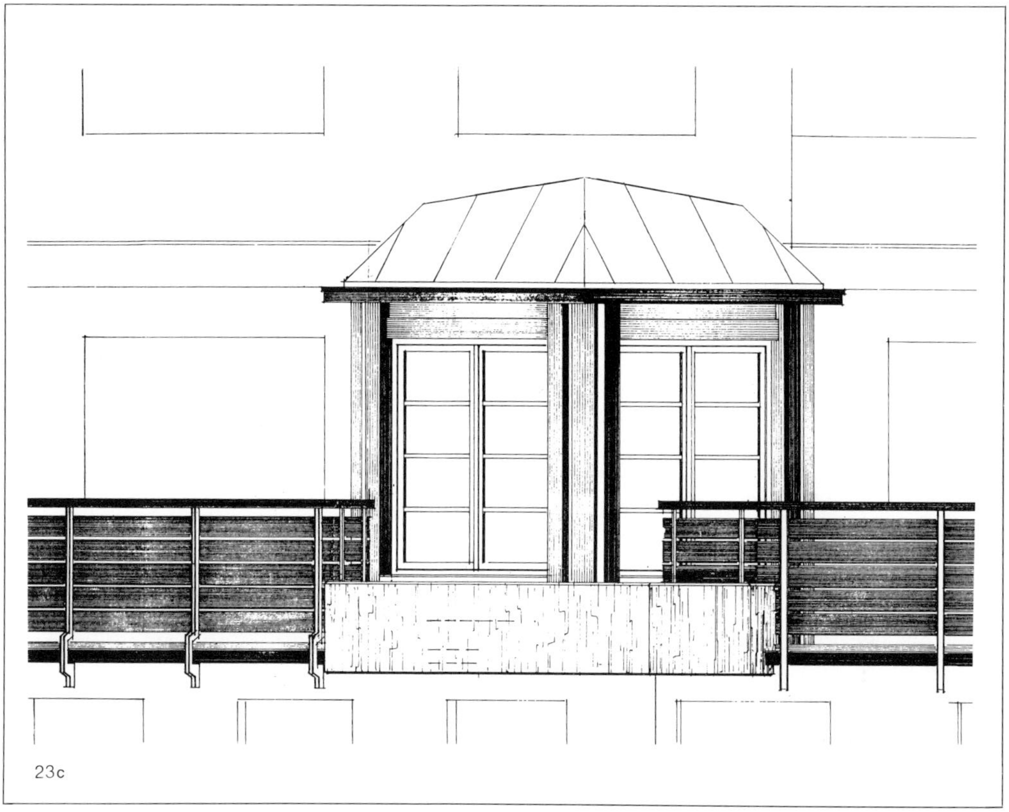

23a, b und c Planentwürfe zum Wintergarten-Eßplatz.

in der vorgetragenen Form genehmigungsfähig ist.
Sollte er Ihren Entwurf von vornherein ablehnen, gilt es, Kompromisse auszuloten und diese in Form einer schriftlichen Bauvoranfrage an die Behörde einzureichen.
Wenn der Behördenvertreter Ihr Ansinnen ohne Angabe von stichhaltigen Gründen abweist, sollten Sie rechtliche Schritte erwägen und ihm dies mitteilen.

In zunehmendem Maße verlaufen Entscheidungen in Sachen Wintergarten-Genehmigung bauherrenfreundlicher.
Ein oft gebrauchtes Argument behördlicher Wintergarten-Gegner ist die durch den Anbau zu befürchtende Verschattung der Hauptwohnräume. Erwägen Sie ein zusätzliches oder vergrößertes Fenster. Sollten Sie den Eindruck haben, der Genehmigungsbehörde kommt es nur darauf an, den Wintergarten

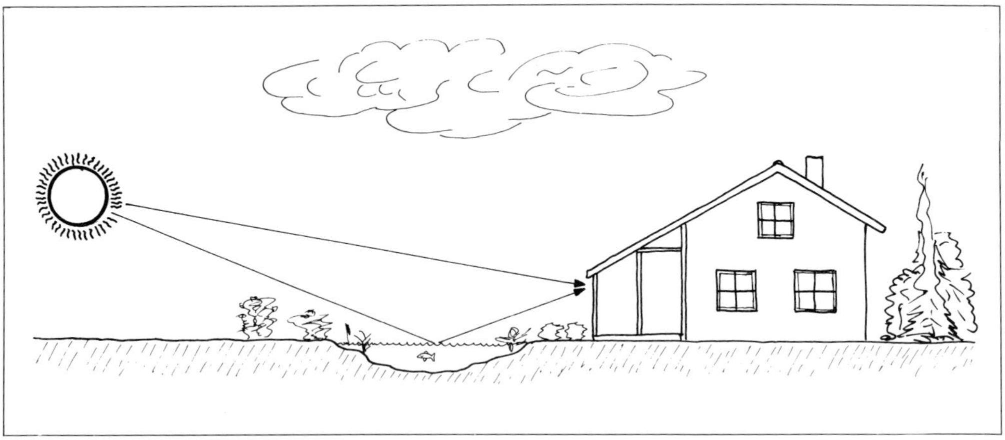

24 Die winterliche Sonneneinstrahlung läßt sich noch steigern, wenn vor dem Glashaus ein Teich liegt. Allerdings ist mit Blendung zu rechnen.

nicht als Wohnraum zuzulassen, beantragen Sie in Ihrem Bauantrag ein »Anlehngewächshaus«.

Eine oft geforderte Hinzurechnung der Wintergartenfläche zur Gebäudewohnfläche sollten Sie immer dann kategorisch ablehnen, wenn Ihr Vorhaben ohne Heizung und nur mit Einscheibenglas geplant ist. Als Stichwort für den Bauantrag empfiehlt sich dann – den tatsächlichen Gegebenheiten entsprechend –: »verglaste Veranda«. Es soll auch Bauherrn geben, die erst mal eine genehmigungsfreie, stabile Pergola bauen.

Die Besitzer einer Eigentumswohnung müssen sich bei der Planung einer Balkon- oder Terrassenverglasung zunächst die Genehmigung der von allen Eigentümern getragenen Hausverwaltung einholen, bevor sie die behördliche Genehmigung beantragen.

Für den Bauantrag benötigen Sie folgende Unterlagen:

1. Bauzeichnungen im Maßstab 1:100,
2. Lageplan im Maßstab 1:1000,
3. Baubeschreibung,
4. Antragsformular für die Baugenehmigung,
5. Berechnung der Wohn- und Nutzflächen und des umbauten Raumes,
6. Statik,
7. Entwässerungsplan.

Funktion des Wintergartens

Die Wirkung des Sonnenlichts

Von der Sonne einfallende Lichtstrahlen werden beim Auftreffen auf eine Fläche entweder zurückgeworfen (Reflexion), vom Material aufgenommen (Absorption) oder durchgelassen (Transmission). Die Summe aller durchgelassenen, reflektierten und aufgenommenen Strahlungsanteile ist immer gleich der Menge der eingefallenen Energie. Die verwendeten Glasarten unterscheiden sich hauptsächlich in diesen Disziplinen, wenn man von der unterschiedlichen Verarbeitbarkeit einmal absieht.

Wie wir im letzten Kapitel erkennen konnten, beschreibt die Sonne im Verlaufe des Jahres unterschiedliche Bahnen. Es ist ein gewaltiger Unterschied, ob unser Zentralgestirn seine Strahlen am 21. Dezember oder am 21. Juni auf uns richtet. Zum Sommeranfang steht die Sonne am höchsten Punkt. Nehmen wir an, die Sonne bestrahlt zu diesem Termin eine nach Süden ausgerichtete, senkrecht stehende Glasscheibe von 1 m^2 Größe. Durch den hohen Einfallswinkel reduziert sich die aktive Einstrahlungsfläche auf nur 0,42 m^2. Ganz anders im Winter: die tiefstehende Sonne trifft fast senkrecht auf die Glasscheibe. Die tatsächliche Einstrahlungsfläche beträgt dann immerhin 0,95 m^2. Der Nutzeffekt ist die relativ geringe Ausnut-

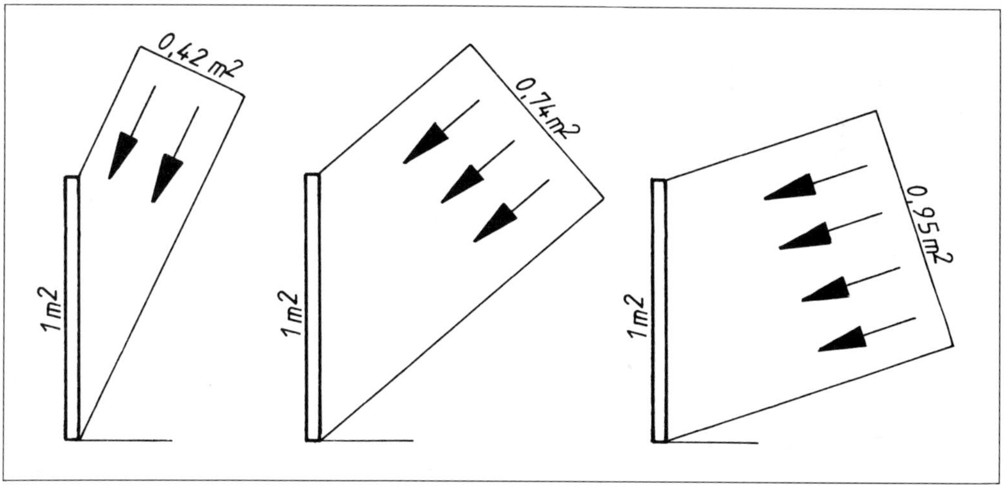

25 Je nach Sonneneinfallswinkel trifft die Strahlung mehr oder weniger auf die Scheiben auf. Je größer der Auftreffwinkel ist, um so mehr wird reflektiert.

zung der energiereichen Strahlung im Sommer, wo ohnehin genügend Wärme zur Verfügung steht und die optimale Ausschöpfung des winterlichen Sonnenangebots, wenn jede zusätzliche Heizwirkung im Haus erwünscht ist.
Die Wirkung des Sonnenlichts ist von der Farbe der Oberfläche abhängig. Trifft die Strahlung auf eine mattschwarze Fläche, absorbiert diese etwa 90 Prozent der Energie und reflektiert nur 10 Prozent. Umgekehrt verhält es sich bei weißen Oberflächen. Sie können diesen Effekt leicht selbst feststellen. Versuchen Sie die Motorhaube eines schwarz lackierten Autos zu berühren, das im Sommer stundenlang in der prallen Sonne gestanden hat. Sie wird sehr heiß sein. Ein unter gleichen Bedingungen befühlter weißer Wagen wird Ihnen keine Schmerzen bereiten, sondern sich nur gut warm anfühlen.
Der Gegenstand mit der dunklen Oberfläche erwärmt sich und gibt diese Energie in Form von langwelliger Wärmestrahlung wieder an seine Umgebung ab. Kurzwellige Sonnenstrahlung wurde in langwellige Wärmestrahlung umgewandelt. Die Energiemenge bleibt gleich, da Energie nach physikalischem Gesetz nicht verlorengehen kann, sondern nur die Zustandsform ändert.

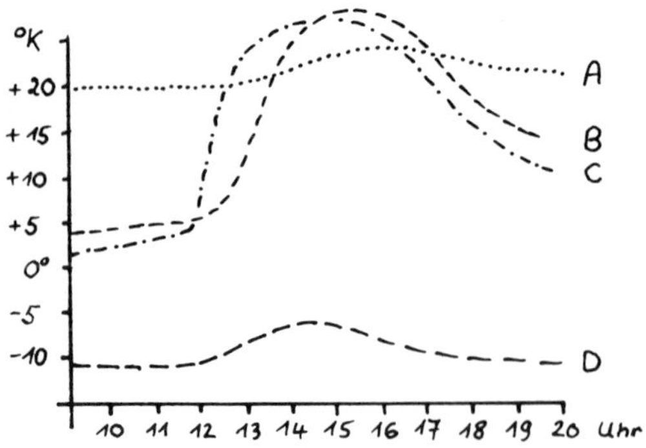

26 Beispielhafter Temperaturverlauf. Es sind: A Wohnraumtemperatur, B Oberflächentemperatur einer Speicherwand, C Raumtemperatur im Glashaus, D Außenlufttemperatur. Werte nach Kiraly, Innsbruck, 25. Dezember 1979.

Wie wird Wärme übertragen?

Wir kennen drei Arten des Wärmetransports:

1 Die Wärmeleitung bezeichnet den Transport von Energie in einem Material oder zwischen zwei sich berührenden Materialien. Als Beispiel kann ein auf der Kochplatte stehender Topf dienen.

2 Wärmestrahlung breitet sich als elektromagnetische Welle aus. Sie geht mit Lichtgeschwindigkeit von Gegenständen aus, die wärmer sind als ihre Umgebung. Überall, wo Wärmestrahlen auf feste Körper auftreffen, werden sie in Wärme umgewandelt.

3 Wärmekonvektion ist der Energietransport von frei strömenden Stoffen, die unterschiedliche Dichte oder Temperatur aufweisen. Als Beispiel mag Luft dienen, die sich an der heißen Oberfläche eines Ofens erwärmt und aufwärts steigt. Ähnlich ist es im Glashaus, wenn erwärmte Luft nach oben steigt. Dabei ist immer ein Kreislauf des Mediums erforderlich, zum Beispiel das Nachströmen kalter Luft.

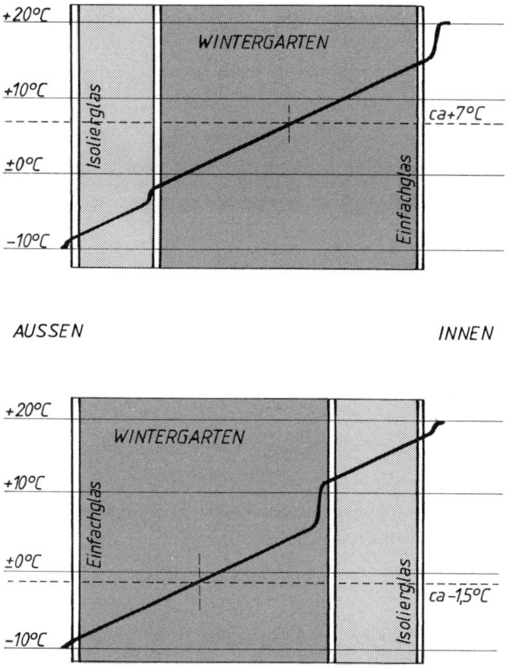

27 Die Qualität und Anordnung der Verglasung hat großen Einfluß auf die Wintergartendurchschnittstemperatur. Oben: die Isolierverglasung ist nach außen angeordnet. Zwischen Wohnraum und Glashaus befindet sich nur eine Scheibe. Bei den angenommenen Temperaturen stellen sich etwa 7 Grad Celsius ein. Unten: hier ist die Verglasung anders herum. Die Temperatur wird bei – 1,5 Grad liegen.

28 Hier läßt sich's gut entspannen.

Der Treibhauseffekt

Betrachten wir das Einstrahlungsverhalten von Einfachglas: wenn 100 Prozent Solarenergie auf die Scheibe auftreffen, läßt sie etwa 85 Prozent der Energie passieren (Transmission), sieben Prozent werden reflektiert und der achtprozentige Rest vom Glas absorbiert.
Was passiert mit diesen Energiemengen?

Der reflektierte Anteil geht für unsere Nutzung verloren. Die absorbierte Energie gibt das Glas als Wärmestrahlung wieder an die Umgebung ab (davon etwa 3 Prozent auf der sonnenabgewandten Seite und 5 Prozent auf der Sonnenseite). Die Hauptenergiemenge hat das Glas durchtreten und trifft dahinter auf Gegenstände auf. Diese Gegenstände sind in Gewächshäusern in aller Regel Pflanzen. Die Pflanze nimmt die Strahlung auf und gibt einen Teil davon als Wärme wieder ab. Die Oberfläche der Pflanze wird dadurch um bis zu

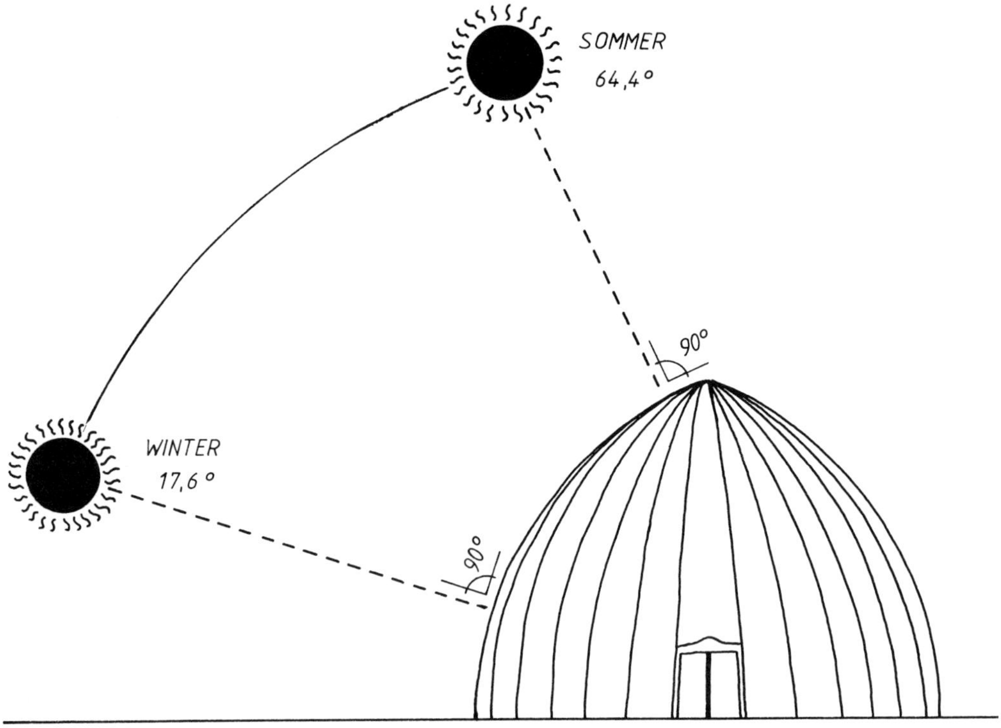

29 Der Idealfall wäre, wenn die Sonne zu jeder Zeit im exakten 90-Grad-Winkel auf die Verglasung auftreffen könnte. Ein Glasbau der skizzierten Form würde diese Forderung erfüllen.

15 Grad wärmer als die Umgebungsluft. Die ausgesandte Wärmestrahlung trifft auf andere Pflanzen und auf die Glaswände.

Nun tritt ein wesentlicher Unterschied bei der Wirkung der genannten Strahlungen auf. Im Gegensatz zum kurzwelligen Sonnenlicht ist Glas praktisch undurchlässig für langwellige Wärmestrahlung. Die Energie bleibt also im abgeschlossenen Raum und kann nicht entweichen. Es ist eine simple Überlegung, daß, wenn Wärme immer nur zugeführt, aber nicht mehr abgeführt werden kann, die Raumtemperatur immer höher wird. Sie würde theoretisch so hoch, daß weder Mensch, Tier oder Pflanze auf Dauer in diesem Klima existieren könnten. Trotzdem machen wir uns den Treibhauseffekt zunutze. Es gilt aber, die Vorteile zu nutzen und durch entsprechende Vorkehrungen die Nachteile zu minimieren oder ganz auszuschließen.

Der Effekt an sich ist erwünscht. Wir müssen es schaffen, eine augenblicklich im Übermaß vorhandene Energiemenge zu speichern. Dies erreichen wir

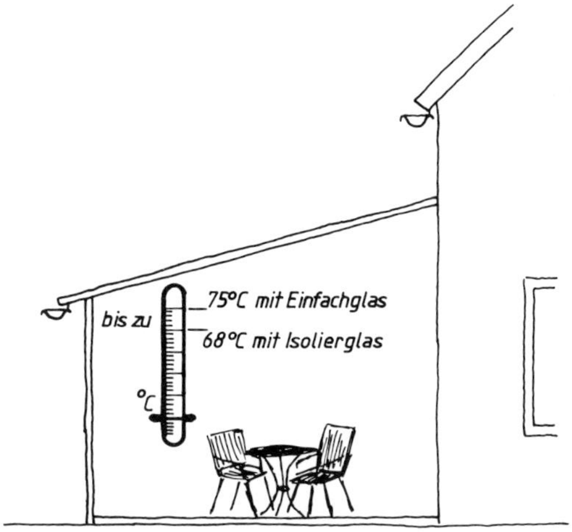

30 Glashäuser ohne Belüftungs- und Beschattungsmöglichkeit wären von den möglichen Temperaturen her kaum zu ertragen.

schon dadurch, daß wir in unserem Wintergarten dunkle Ziegelwände und dunkle oder gar schwarze Fußbodenfliesen anordnen. Sie erinnern sich? Dunkle Flächen absorbieren den größten Teil der aufgestrahlten Energiemenge. Diese Fläche muß massiv genug sein, um stunden- und tagelange Bestrahlung auffangen zu können. Die abgespeicherte Energie wird erst dann wieder als milde Wärmestrahlung in den Raum abgegeben, wenn die Umgebungstemperatur unter die Oberflächentemperatur gesunken ist. Durch dieses antizyklische Verhalten haben wir schon viel erreicht. Bei starker Sonneneinstrahlung nehmen der Speicherfußboden und die Rückwand Energie auf und verhindern dadurch teilweise den Treibhauseffekt. Wird es kühler, wird die Wärme wieder abgegeben und der Speicher »entleert«.

Die Wärmeabstrahlung hat dazu den Vorteil, daß sich ein physiologisch sehr angenehmes Heizungsklima ergibt. Da die Wärmestrahlung Luft nicht erwärmen kann, bleibt diese kühl und läßt sich angenehm und erfrischend atmen.

Be- und Entlüftung

Der Wintergarten soll neben anderen erwünschten Eigenschaften auch Energie gewinnen. Zeitweilig wird das Energieangebot der Sonne jedoch so groß, daß ein Überschuß entsteht, der entweder abgespeichert oder vernichtet werden muß. Die entstandene Wärme wird am höchsten Punkt des Glashauses ins Freie entlassen. Durch eine Tür oder Lüftungsöffnungen strömt kühle Luft nach.

Ein Wintergarten ohne Lüftung ist undenkbar. Ermöglicht doch erst die Be- und Entlüftung eine Milderung der sonst auftretenden starken Temperaturschwankungen.

Es ist allerdings zu beachten, daß die Lüftung möglichst zugfrei funktionieren kann. Es ist nicht angenehm, direkt im Zugstrom zu sitzen. Daher sei empfohlen, die Zuluftöffnungen möglichst hoch unter der Traufe des Wintergartens anzubringen. Die nachziehende kühle Luft strömt dann fast unbemerkt über die Köpfe hinweg.

Wenn die Lüftung richtig funktionieren soll, ist anzustreben, sowohl die unteren als auch die oberen Lüftungsöffnungen in der gesamten Breite des Wintergar-

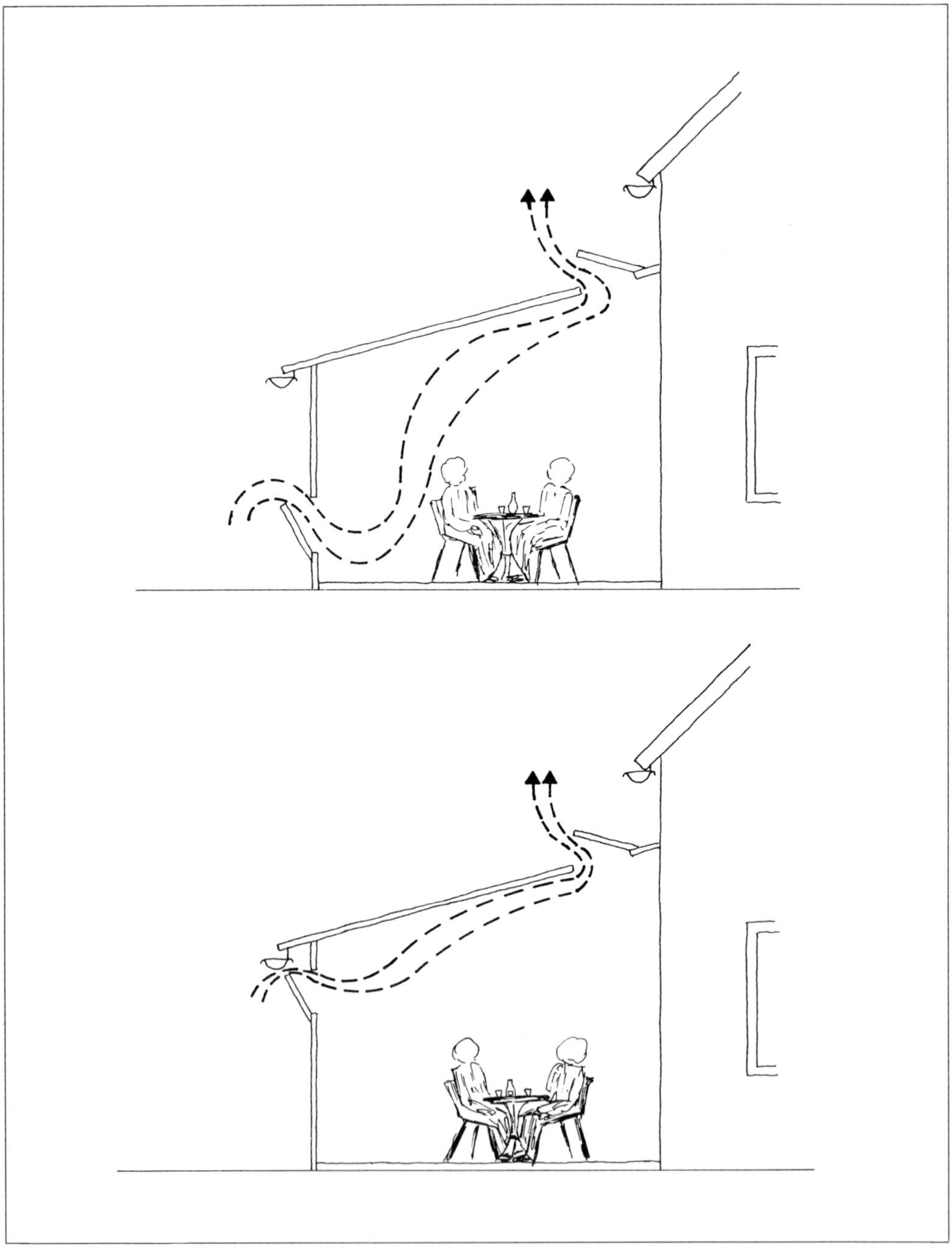

31 Auch bei der Belüftung gibt es einiges zu beachten. Ordnet man die Belüftungsöffnungen im unteren Bereich an, kann dies zu Zugerscheinungen führen. Besser verhält es sich, wenn die Zuluft unter der Verglasung entlangstreichen kann.

tens anzuordnen. Dies ergibt erstens gleichmäßigeren Luftwechsel und zweitens werden alle Glasteile konstant gekühlt.

Ein wichtiges Problem in diesem Zusammenhang ist die Mückenplage. Es kann nicht ausbleiben, daß sich Mücken in Ihrem Wintergarten häuslich niederlassen. Meistens finden sie herein, aber nicht so schnell wieder hinaus. Wenn die oberen Lüftungsöffnungen über die gesamte Breite des Glashauses angeordnet sind, finden Insekten schneller wieder ins Freie. Wichtig: abends vor dem Lichteinschalten Lüftungsöffnungen schließen.

In den meisten Fällen genügt die Lüftung nach dem Schwerkraftprinzip. Nur wenn an Ihrem Standort besonders widrige Windverhältnisse herrschen, muß eventuell mit einem elektrischen Ventilator nachgeholfen werden.

Dieses Aggregat brauchen Sie immer dann, wenn die warme Abluft weiter genutzt werden soll, zum Beispiel in einem Steinspeicher (siehe auch Bild 37). In diesen Fällen kann die natürliche Umwälzung nicht funktionieren.

Die Belüftungsöffnungen werden von Hand bedient, können aber auch durch automatisch arbeitende Systeme, die sich im Gewächshausbau bestens bewährt haben, geöffnet und geschlossen werden.

Sonnenschutz

Niemand kann es ertragen, einen ganzen Sommer lang ununterbrochen in der prallen Sonne zu sitzen. Das gilt auch im Wintergarten, der im Sommer besonders viel Sonnenenergie aufnimmt und in der Regel ein Temperaturniveau über dem der Umgebung hat.

Alle bisher aufgezeigten Möglichkeiten, überschüssige Wärme abzuspeichern oder abzufüllen, finden dann ein Ende, wenn der Aufenthalt im Wintergarten durch die direkte Sonnenbestrahlung körperlich unangenehm wird (bis zu 40 Grad Celsius sind möglich). Ähnlich wie wir im Freien einen Sonnenschirm aufspannen, müssen wir in diesem Fall auch den Wintergarten abschatten. Hierzu eröffnen sich verschiedene Möglichkeiten.

1 Natürlicher Sonnenschutz. Hierunter zählen alle uns von der Natur zur Verfügung gestellten Mechanismen der Beschattung. Die einfachste Lösung ist, direkt vor den Wintergarten einen Laubbaum zu pflanzen. Sein Laub wird unserer Glashausidylle vom Frühjahr bis zum Herbst wohltuenden Schatten spenden. Allerdings können wir den Schatten niemals verändern, wenn uns der Sinn danach stände. Im Winter bietet der entlaubte Baum den tiefstehenden Sonnenstrahlen freien Durchtritt. Eine weitere, noch dazu sehr dekorative Möglichkeit ist die Bepflanzung des Wintergartens auf der Außenseite mit laubabwerfenden Gewächsen, wie beispielsweise wildem Wein. Der Effekt ist mit dem des Laubbaumes vergleichbar: im Sommer Schatten durch die Blätter, im Winter verbleibt nur blattloses Rankwerk. Manche Mitmenschen befürchten nicht ganz zu Unrecht, daß diese Bepflanzung eine ideale Brutstätte für Insekten aller Art ist.

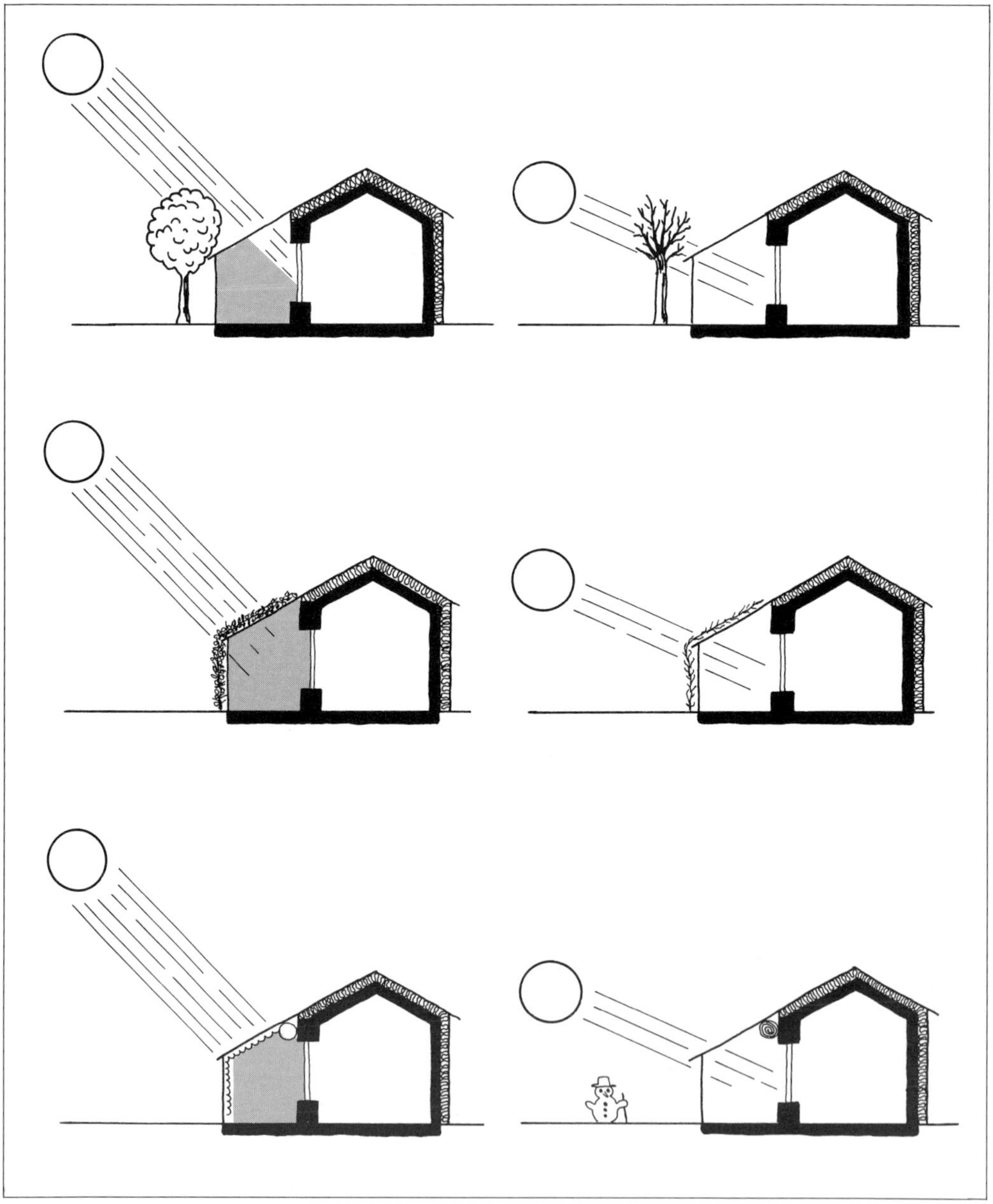

32 Es gibt mehrere Verschattungsmöglichkeiten. Der »temporäre Sonnenschutz« funktioniert auf natürliche Weise oder mit technischen Hilfsmitteln.
Im linken Bildteil herrscht Sommer. Von oben nach unten ist natürliche Verschattung mittels Laubbäumen dargestellt, im mittleren Bild wird der Wintergarten von Rankbewuchs geschützt und unten hält ein herabgelassenes Rollo die Sonne draußen. Der rechte Bildteil zeigt die Situation im Winter. Der Laubbaum hat das Laub abgeworfen, das Klettergewächs läßt ebenfalls Sonne durch und das Rollo wird einfach hochgerollt.

33 Der Raum unter Balkonen läßt sich gut für Verglasungen nutzen.

2 Künstlicher Sonnenschutz. Wie auch beim natürlichen Sonnenschutz ist die beste Möglichkeit, die Sonne erst gar nicht an das Glas heranzulassen. Das heißt, daß der Sonnenschutz immer außen installiert werden sollte. Nur wenn es nicht anders machbar ist, sollte zur Notlösung des inwendig angebrachten Schutzes gegriffen werden.

Welche Möglichkeiten bieten sich, die Sonne auszusperren?

- ☐ ein Sonnensegel über dem gesamten Glashaus,
- ☐ einzelne Stoffbahnen über den Glasfeldern,
- ☐ Raffrollos über den Glasfeldern,
- ☐ reflektierender Außenanstrich mit Kunstharzfarben,
- ☐ reflektierende Kunststoffolien,
- ☐ Holz- oder Kunststoffjalousien,
- ☐ Fensterläden,
- ☐ handelsübliche Terrassenmarkisen.

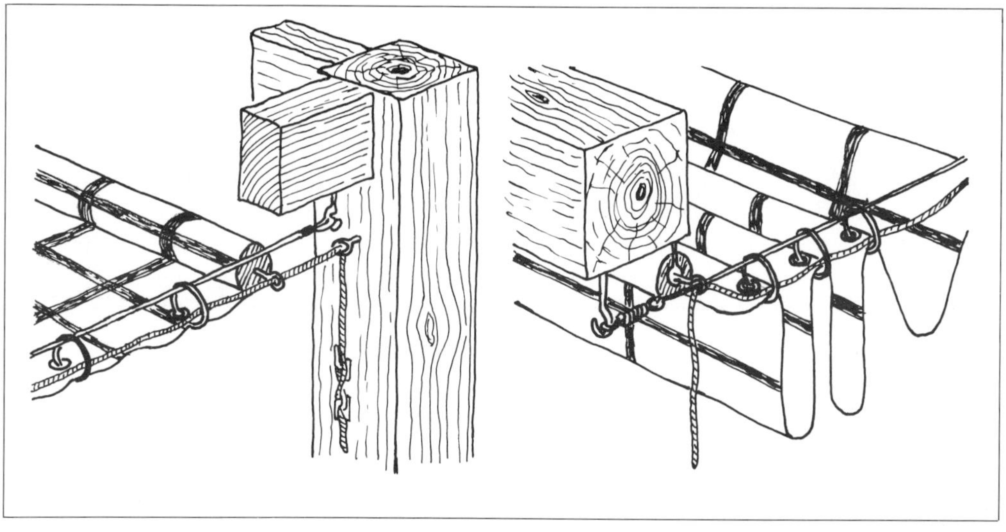

34 Details eines Sonnenschutzrollos.

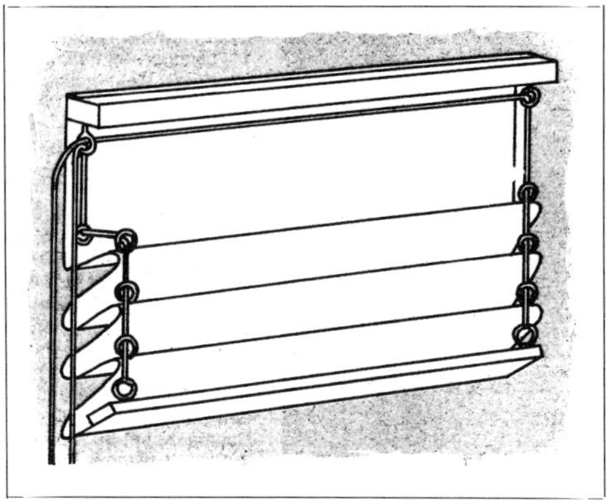

35 Einfache Jalousie, die es in vielen Größen, Farben und Formen im Handel gibt.

Diese Ausführungsarten unterscheiden sich von den Kosten, von der Langlebigkeit und vom Bedienkomfort untereinander. Die Wahl einer bestimmten Lösung obliegt in erster Linie dem persönlichen Geschmack und dem erwünschten Automatisierungsgrad. Wichtig ist, eine optisch ansprechende Schattierungsmöglichkeit zu schaffen, die sturmsicher und ohne großen Kraftaufwand bedienbar ist.
Sollte nur ein im Wintergarten angebrachter Sonnenschutz erwünscht oder möglich sein, wird man in der Regel Raffrollos oder Stoffbahnen wählen. Die zweitbeste Lösung bleibt es, weil die Sonnenenergie schon durch das Glas durchtreten konnte und den Stoff aufzuheizen vermag.

Die Schalldämmung

Da der Wintergarten ein dem Wohnbereich vorgelagerter Raum ist, wirkt dieser Raum nicht nur in energetischer Hinsicht als Puffer, sondern baut auch Schall ab. Dieser Schall könnte sonst das Wohnhaus ungebremst erreichen.
Wie stark der Schall reduziert wird, ist abhängig von Art und Ausführung der Glasscheiben, deren Gewicht und Dicke und der Frequenz des auftreffenden Schalls.
Grundsätzlich gilt: je dicker und schwerer das Glas ist, desto besser dämmt es den Schall. Besondere Vorteile weist in diesem Zusammenhang Isolierglas auf. Durch das trennende Luftpolster zwischen den Scheiben wird eine besonders hohe Schalldämmung erreicht.

Der Windschutz

Ein wesentlicher Teil des Wärmeverlustes von Gebäuden basiert auf der Auskühlung durch Wind an der Außenfassade. Wind kühlt die äußerste Schicht des Putzes stark aus, so daß aus der Mauer mehr Energie nachgefördert werden muß. Ein höherer Heizungsverbrauch ist die Folge.
Der Wintergarten vermeidet auch diesen Effekt. Die Gebäudemauer kann nicht mehr ausgekühlt werden. Allerdings kühlt der Wind die Glasflächen des Wintergartens aus, was sich in der Heizenergierechnung aber wesentlich weniger stark bemerkbar macht.

Die Heizung

Ein Wintergarten sollte meines Erachtens nur dann künstlich beheizt werden,

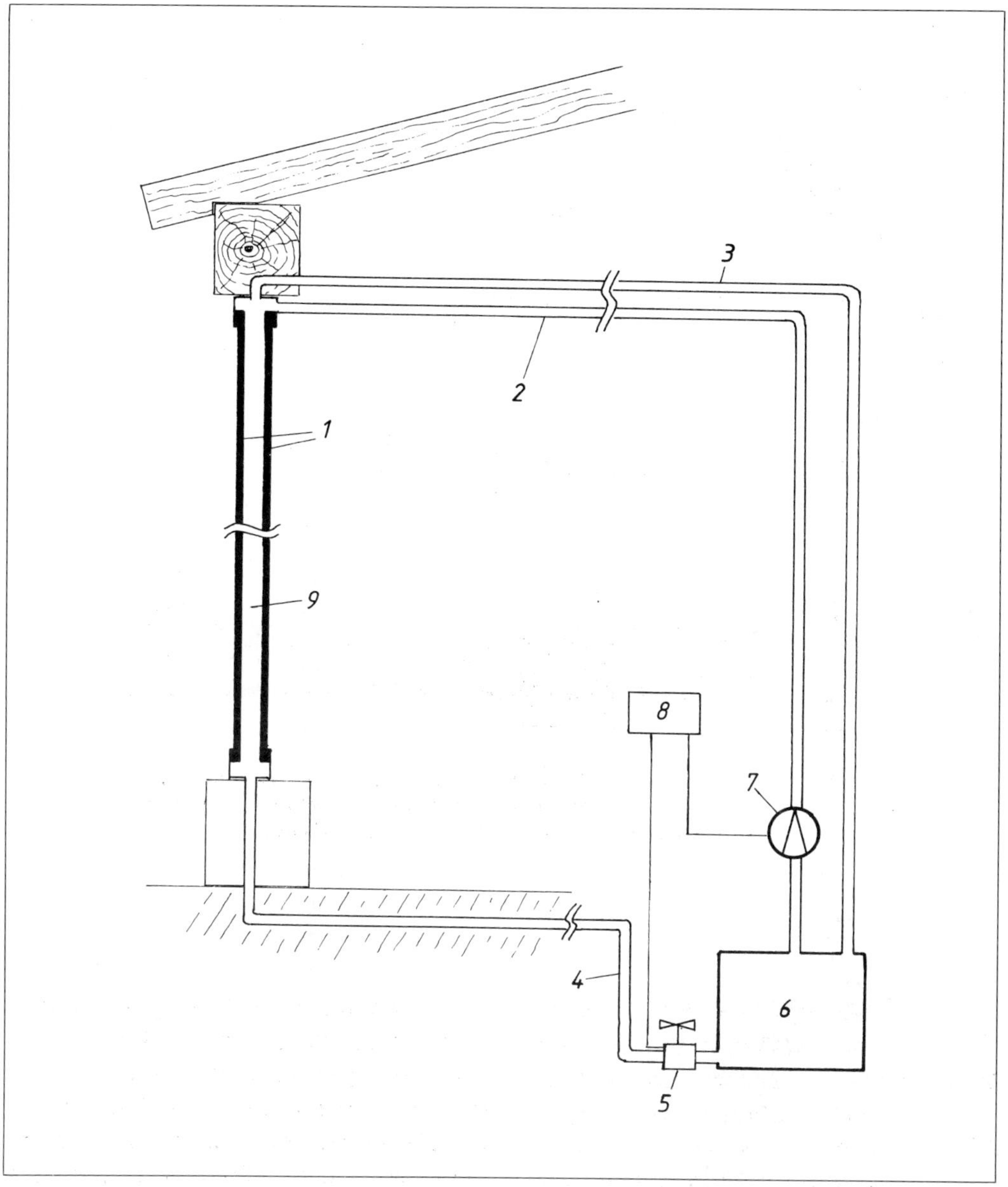

36 Zeichnerisches Gedankenspiel zu einer neuen Art Sonnenschutz: es geht von der Überlegung aus, daß eine geeignete Flüssigkeit, beispielsweise Silikonöl, zwischen die Doppelverglasung gepumpt wird. Die so entstehende Dämmschicht sperrt ein Zuviel an Sonneneinstrahlung aus. Wird es kühler, wird die Flüssigkeit wieder abgelassen. 1 Doppelverglasung, 2 Vorlaufleitung aus dem Speicher, 3 Druckausgleichsleitung zwischen Speicher und Glaswand, 4 Rücklauf (drucklos), 5 Schieber, 6 Flüssigkeitsspeicher, 7 Pumpe, 8 Steuergerät, 9 dichter Raum zwischen den Scheiben.
Der Verfasser weist ausdrücklich darauf hin, daß es weder ein gängiges System ist, noch von ihm selbst getestet. Er will nur Anregungen zum »Weiterdenken« geben.

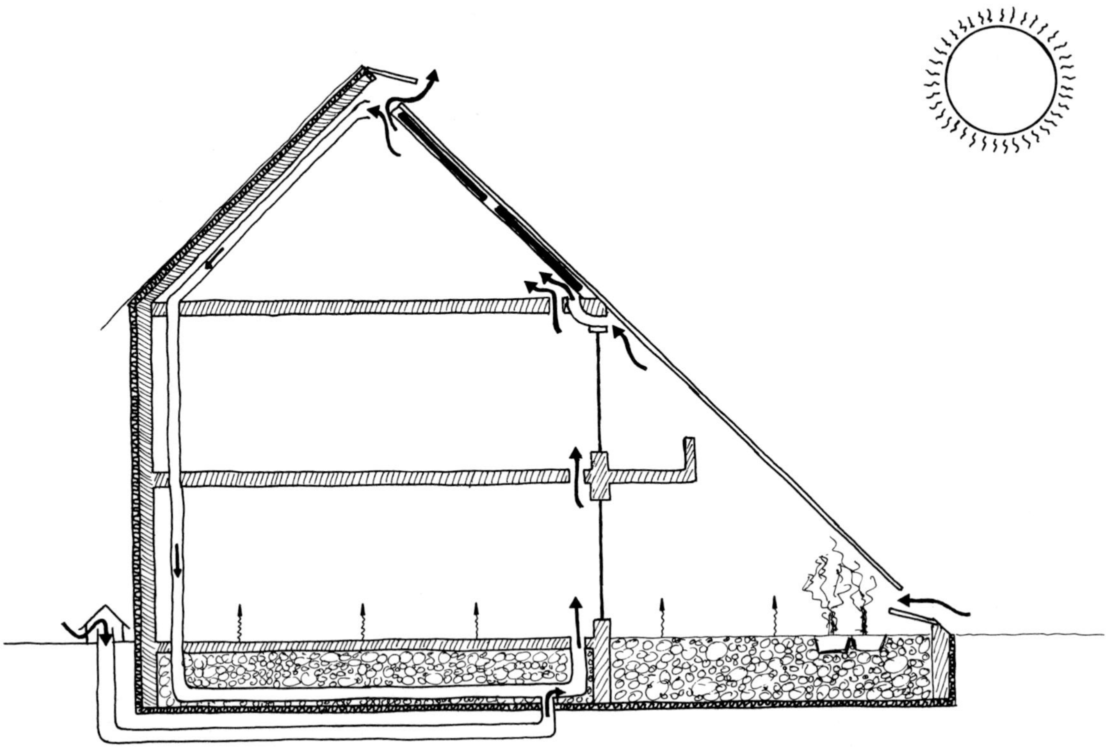

37 Das Haus mit vorgebautem Wintergarten kann die empfangene Wärmeenergie sammeln und in einem unterirdischen Steinbunker speichern. Ein Regelsystem gestattet Frischluftbeimengung, Ablüftung, Belüftung und Aufheizung beziehungsweise Entleerung des Speichers.

wenn durch geeignete Speicher bereits ein hoher energetischer Ausnutzungsgrad erreicht ist. Die Zusatzheizung darf nur in wenigen extremen Frostperioden erforderlich sein. Wird ein Wintergarten heizbar konzipiert, aus welchen Gründen auch immer, muß hoher Qualitätsstandard des verwendeten Materials absolute Voraussetzung sein. Es ist auf Dauer billiger, einen erstklassig und teuer gebauten Wintergarten ab und zu ein bißchen zu heizen, als eine billig zusammengebaute Notlösung mit Dauerheizung bewohnbar zu erhalten.

An Heizungsarten bietet sich alles aus dem Wohngebäudebau Bekannte an. Für Liebhaber tropischer Pflanzen empfiehlt sich eine Fußbodenheizung, die das Glashaus gleichmäßig temperiert. Wer diesen Komfort nicht braucht, ist auch mit einigen Heizkörpern gut beraten. Die oft propagierte Elektroheizung halte ich schlicht gesagt für Verschwendung.

Die »Bedienung« des Wintergartens

Was müssen wir tun, daß der Wintergarten funktioniert? Wir haben festgestellt, daß viele Einflüsse auf ein Glashaus wirken. Man kann sie zum Großteil durch konstruktive Maßnahmen in den Griff bekommen. Andere Einwirkungen müssen wir manuell beeinflussen. Allen voran ist der unterschiedliche Betrieb eines Wintergartens tagsüber oder während der Nacht zu betrachten. Tagsüber soll die Anlage bis zu einer gewissen Grenze Energie sammeln und abspeichern. Der »Betreiber« muß abschatten und lüften. Sobald die Sonne hinter dem Horizont verschwindet, sind die Lüftungsöffnungen zu schließen, um nur wenig der angesammelten Wärme zu verlieren.

Der Wintergarten wird nachts dichtgemacht.

In der kalten Jahreszeit kann zusätzlich innen oder außen eine Isolierschicht in Form von dämmenden Mehrkammerjalousien angeordnet werden. Dies ist insbesondere dann empfehlenswert, wenn empfindliche Pflanzen im Glashaus wachsen.

Was bringt ein angebautes Glashaus in energetischer Hinsicht?
Dazu ein einfaches Rechenbeispiel: Nehmen wir an, an der Längsseite eines Hauses würde auf der ganzen Länge und bis in Traufhöhe ein Wintergarten vorgebaut. Die Länge von 10 m mal der Höhe von 5 m ergibt eine Wandfläche von 50 m^2. Weiter unterstellen wir, die Wand habe einen Wärmedurchgangskoeffizienten von 1,5 W/m^2 × K.
Bei einer Außentemperatur von −15 Grad Celsius und einer Wohnraumtemperatur von 20 Grad ergibt sich folgender Wert: 1,5 W/50 m^2 × 35 Grad = 2625 Watt Wärmeabgabe nach draußen.
Ganz anders die Situation mit angebautem Wintergarten: Die Temperaturdifferenz ist nicht mehr 35 Grad, sondern nur noch 13 Grad Celsius (siehe Bild 27). Dementsprechend ergibt sich 1,5 W/50 m^2 × 13 = 975 Watt.
Der Wintergarten spart an dieser Gebäudeseite knapp zwei Drittel der normalerweise erforderlichen Heizkosten. Der angenommene Wert von 1,5 Watt/m^2 entspricht nicht mehr der gültigen Wärmeschutzverordnung, gilt aber in dieser Größenordnung für den Großteil des Altbaubestandes.

Wintergartenbauformen

Mag es auf den ersten Blick auch scheinen, als wäre unter dem Begriff »Wintergarten« nur der ans Gebäude angelehnte Glasbau zu verstehen. Diese Annahme unterschlüge die überaus große Vielfalt der denkbaren Solarbauten. Es ist uns in diesem Buch aus Platzgründen nicht möglich, einen auch nur annä-

38 Ein ganz verglaster Bau – immer wieder Studienobjekt für angehende Architekturstudenten.

39 Der Wintergarten umfängt eine gesamte Traufseite.

40 Mehr Komfort bringt dieser Wintergarten anstatt einer ebenerdigen Terrasse und Balkon im ersten Stock.

41 Ein Anlehnwintergarten, der die Dachneigung fortsetzt.

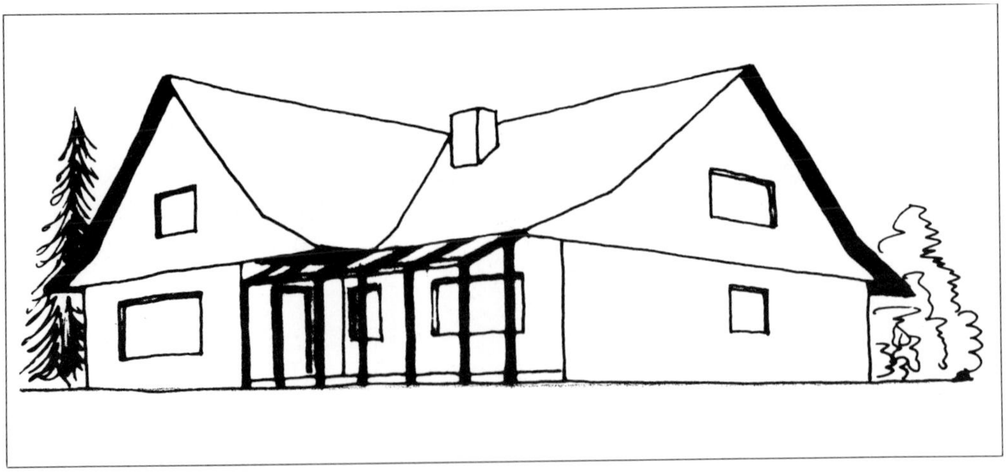

42 Vorgebauter Wintergarten in einem Winkelbungalow.

43 Ein Haus mit umlaufendem, angebauten Wintergarten.

44 Integrierter Wintergarten unter dem Balkon.

45 Unter dem Balkon weiträumig vorgezogener Wintergartenanbau.

hernd vollständigen Überblick über die variationsreiche Solararchitektur zu vermitteln.

Bitte haben Sie daher Verständnis, daß der Verfasser aus einer Vielzahl möglicher Ausführungen diejenigen Formen herausgreift, von denen er annimmt, daß sie weitgehende Verbreitung finden können. Niemand nutzt hierzulande die Kenntnis optimaler Voraussetzungen für Glasanbauten wie beispielsweise in Kalifornien. Einzig das Realisierbare in unserer Heimat ist gefragt. Der Verfasser hat sich bemüht, Ihnen realistische Lösungen aufzuzeigen und vermeidet allzu phantasiereiche Vorschläge, die ein breites Publikum kaum interessieren dürften.

Die Erscheinungsformen einer Wintergartenverglasung lassen sich in drei Hauptbereiche gliedern:

1. Komplettieren vorhandener Hausteile.
2. Ändern bestehender Hauspartien.
3. Neubau an das bestehende Haus.

Zu 1. Hierunter fallen alle zusätzlich an bestehende Hausteile ergänzbare Glasanbauten. Als Beispiel mag die bisher frei zugängliche Eingangstür dienen, die mit einem kleinen Glashaus umbaut wird. Hiermit läßt sich der Wunsch nach einem trockenen und warmen Eingangsbereich erfüllen. Ebenso lassen sich bestehende Garagen oder Veranden überbauen.

Zu 2. Da der Wintergarten wieder Mode wird, wird es manchen Hausbesitzer geben, der zwar mit einem kompletten

46 Hier wurde die Terrassenfläche für einen Anbau genutzt.

47 Ein Wintergarten-Gewächshausanbau.

48

49

48 Eine weitere Variante eines Wintergartenanbaus.

49 Der Wintergarten wurde in das Mittelteil der Hausanlage eingezogen.

Wintergartenbau nichts im Sinn hat, aber die Sonne doch intensiver nutzen möchte. Auch liebäugeln viele Balkonbesitzer mit der Chance, ihren Freiluftsitz häufiger frequentieren zu können.

Am einfachsten ist es, bereits vorhandene Loggias umzubauen. In der Regel wird eine senkrecht vorgesetzte Verglasung ausreichen. Weitere Bauarbeiten sind nicht erforderlich, vom Schaffen der Lüftungsöffnungen im Raum oder in der Glaswand einmal abgesehen.

Die nachträgliche Verglasung kompletter Giebel ist etwas aufwendiger. Zuerst muß geklärt werden, ob das Dach auf dem Giebel aufliegt oder sich selbst tragen kann. Im ersten Fall kann die Giebelwand abgebrochen und durch eine Glasfront ersetzt werden. Sattelt das Dach jedoch auf der Giebelwand auf,

bedarf es einer neuen statischen Berechnung und Aussteifung des Dachgebälks. Erst dann darf der Giebel abgerissen werden.
Vom Bauaufwand her ist die Balkonverglasung überschaubar. Ein größeres Problem wird die Ansicht einzeln verglaster Balkone innerhalb von Balkonensembles bei Mehrfamilienhäusern und Hochhäusern sein. Die Verglasung des Einzelbalkons darf die Gesamtansicht nicht beeinträchtigen.

Zu 3. Der Vollständigkeit halber sei erwähnt, daß auch freistehende verglaste Pavillons als Wintergarten genutzt werden können. Ich will an dieser Stelle aber nicht näher darauf eingehen, weil sie Einzellösungen darstellen und mit dem Konzept der Wohnraumerweiterung und Energieeinsparung meines Erachtens nicht harmonieren.

Der am häufigsten gewünschte und geplante Glasbau wird der ans Haus angebaute Wintergarten sein. Es bestehen alle nur denkbaren Möglichkeiten der Realisierung. Solche Anbauten unterscheiden sich in erster Linie durch die Dachform.
Der Nur-Dach-Wintergarten dient vornehmlich Zwecken der Pflanzenzucht. Für den Aufenthalt der Besitzer ist der Pultdachanbau besser geeignet, weil er durchgehend volle Stehhöhe bietet.

Eine weitere Dachform, das Flachdach, nimmt eine Ausnahmestellung ein. Da die Dachverglasung aus Gründen der Selbstreinigung eine gewisse Mindestneigung aufweisen muß, ist der Flachdachwintergarten eine Sonderversion. Diesen Weg müssen zwangsläufig Besitzer von Flachdachbungalows beschreiten, die das Erscheinungsbild ihres Hauses harmonisch fortsetzen wollen.
All diesen Anbauten ist gemeinsam, daß sie sich mit mindestens einer Seite an das Haus anlehnen und an dieser Wand auch befestigt sind. An welcher Hauswand angebaut wird, ist vom Grundsatz her gleichgültig; bestimmend ist die Lage der Wohnräume.
Als Bauformen kommen in Betracht:
Der Anbau an die Längsseite (Traufseite).
Diese Ausführungsart fügt sich meist harmonisch an den Baukörper an, besonders wenn die bestehende Dachneigung übernommen werden kann. Aus Kostengründen wird oft nur ein Teil dieser Hausseite mit einem Wintergarten bebaut. Dies birgt allerdings die Gefahr, daß der Anbau wie angeklebt aussieht. Sie sollten auf jeden Fall die Option für eine spätere Verlängerung offenlassen.

Hausergänzungen an der Stirnseite sind genauso möglich. Hier ist es allerdings etwas schwieriger, den Anbau optisch anzupassen.

Häuser in L-Form (Winkelbungalows) bieten sich für einen großen Wintergarten geradezu an. Als Idealfall darf gelten, den offenen, viereckigen Raum zwischen den beiden Hausschenkeln zu verglasen. Ob der Bungalow zum Rechteck oder mit einem Dreieckswintergarten ergänzt wird (die gedachte Linie zwischen den beiden Hausschenkelenden wird verglast), ist eine Geschmacks- und Kostenfrage.

Eine sehr schöne Ergänzung des bestehenden Hauses ist dessen Fortführung in Form eines Wintergartens. Diese ko-

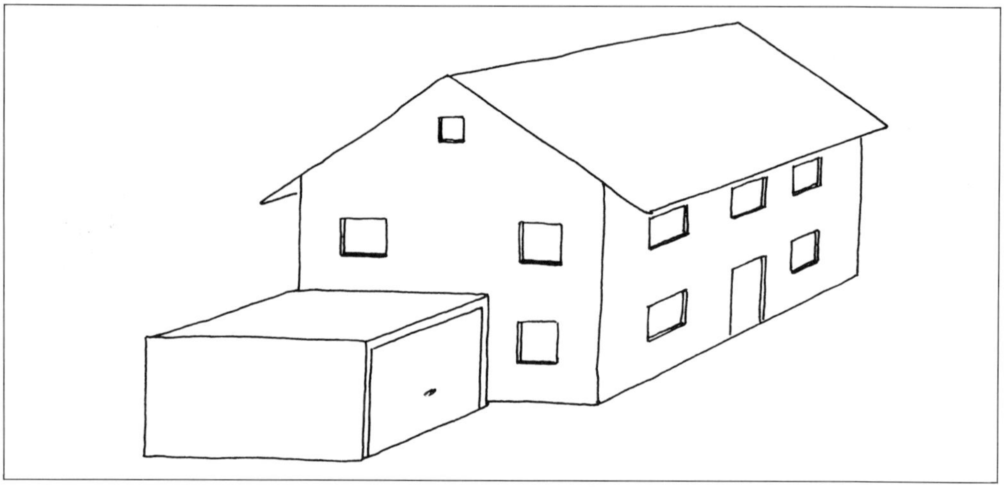

50 Ein Garagenanbau wird zu einem Glashausbau genutzt . . .,

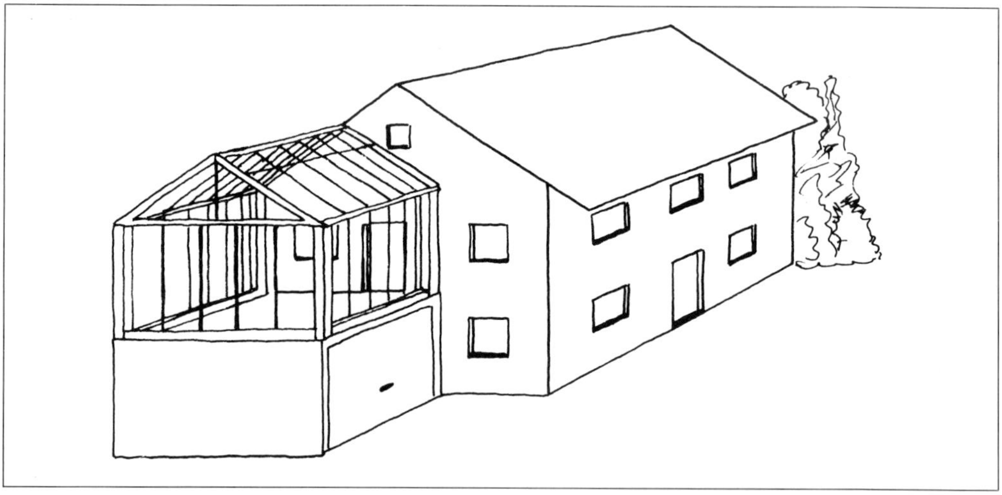

51 . . . und so könnte es aussehen.

stenträchtigste unter allen Variationen ist meines Erachtens allerdings keine Do-it-yourself-Arbeit mehr.
Gleiches gilt für eine Gesamtverglasung der Längsseite bis zur Traufe.

Besteht zwischen zwei Gebäuden freier Raum oder hat das Haus U-Form, bietet sich die Ausfüllung mit einem Wintergarten an. Diese wirkt – vom Gedanken der Pufferzone her – noch intensiver,

52 Es wäre schön, die breit umlaufende Blende des Hausgiebels im Wintergartendach fortzuführen. Das dann entstehende Flachdach birgt allerdings verschiedene Nachteile, weshalb es mit einer 15 Grad Dachneigung konstruiert wird.

da sie gleich zwei Gebäudeteile vom Außenklima abschottet.

Verfügt das Haus über ein relativ steiles Dach, bietet sich die Verlängerung ab der Traufe bis zum Boden an.

Wohl die am häufigsten anzutreffende Konstellation wird ein zweigeschossiges Haus mit Balkon im ersten Stock sein. In diese Kategorie fallen die meisten Reihenhäuser. Der unter den Balkon gebaute Wintergarten ist sicher die am einfachsten zu realisierende und kostengünstigste Lösung. Hierbei sparen Sie im Normalfall sogar statische Berechnungen, da dieser Glasanbau unten auf der Terrasse und oben am Balkon mit einfachen Methoden fest verankert werden kann.

Noch einfacher ist das Anbringen einer Wintergartenverglasung in Reihenhaussiedlungen. Die Mittelhäuser verfügen im Erdgeschoß über Terrassen, die die ganze Hausbreite einnehmen und zwei bis drei Meter in den Garten hinausreichen. Im ersten Stock kragt ein Balkon aus und überdacht die Terrasse um 1 bis 1,5 Meter. Zu beiden Seiten begrenzen Sicht- und Schallschutzmauern das Areal. Ein günstiger Wintergarten.

Was muß beim Selbstbau beachtet werden?

Der Selbstbau eines Wintergartens ist, das sei noch einmal deutlich gesagt, eine sehr vielfältige Aufgabe, die ausgezeichnete Heimwerker-»Qualitäten« voraussetzt. Der Selbstbauer muß vielfältige Kenntnisse besitzen und viele technische Anforderungen beachten. Um so mehr ist die Errichtung eines individuellen Glasanbaues eine der befriedigendsten und gewinnbringendsten Heimwerkeraufgaben überhaupt.

Vor dem Richtfest ist aber eine lange Reihe von Überlegungen anzustellen, und es sind aus Erfahrung entstandene Hinweise und Planungshilfen zu beachten. Die Chance eines reibungslosen Bauablaufs sollte Ihnen diese Mühe wert sein.

In diesem Kapitel werden beachtenswerte Schwachstellen und zu erwartende Schwierigkeiten beim Wintergartenbau aufgezeigt. Der Verfasser legt Wert auf die Feststellung, daß es sich beim zeichnerisch konzipierten Objekt um ein Demonstrationsmodell handelt. Keineswegs soll oder muß ein von Ihnen zu errichtender Glasbau aussehen wie der in Bild 53 dargestellte. In dieser Zeichnung sind alle denkbaren Schwachstellen und Tücken des Objektes Wintergarten aufgezeigt und können, soweit nach Ihrer Meinung möglich, bei Ihrer Planung berücksichtigt werden. Einige Details sind absichtlich falsch gezeichnet, um die Auswirkungen dem Betrachter besser vor Augen zu führen. Alle in Bild 53 eingekreisten Stellen werden nachstehend detailliert in Wort und Bild behandelt.

Zu Bild 54: Alle Anbauwintergärten müssen am bestehenden Gebäude befestigt werden. Im einfachsten Fall werden die Profile aus Holz oder anderen Materialien direkt an die Hausmauer geschraubt. Von der Statik her ist dieses Verfahren zwar unbedenklich, bringt aber den Nachteil der direkten Schallübertragung vom Glasbau ins Haus. Je nach Standort, Umgebungsbedingungen und verwendetem Material kann sich im Wintergarten ein hoher Schallpegel ausbilden, der als Körperschall an die Hausmauer abgegeben wird. Im ungünstigsten Fall bildet sich in den Scheiben eine Resonanzfrequenz aus, die unter Umständen sogar unter der Hörschwelle Schall erzeugt. In jedem Fall stellt sich Schall als Lärm und damit als Belästigung dar. Dies sollte vermieden werden. Abhilfe schafft eine schwingende Aufhängung des Anbaus. Es gibt mehrere Ausführungsarten: entweder mit einem Schwingmetallblock, der von beiden Seiten geschraubt wird, oder mit dämpfenden Federbeilagen.

Zu Bild 56: Sehr viele Heimwerker werden sich Rahmen aus Holz bauen, in die dann die Scheiben eingepaßt werden. Ob die Holzschwellen dann auf einer kleinen Mauer direkt auf der Terrasse oder dem Fundament aufliegen, ist

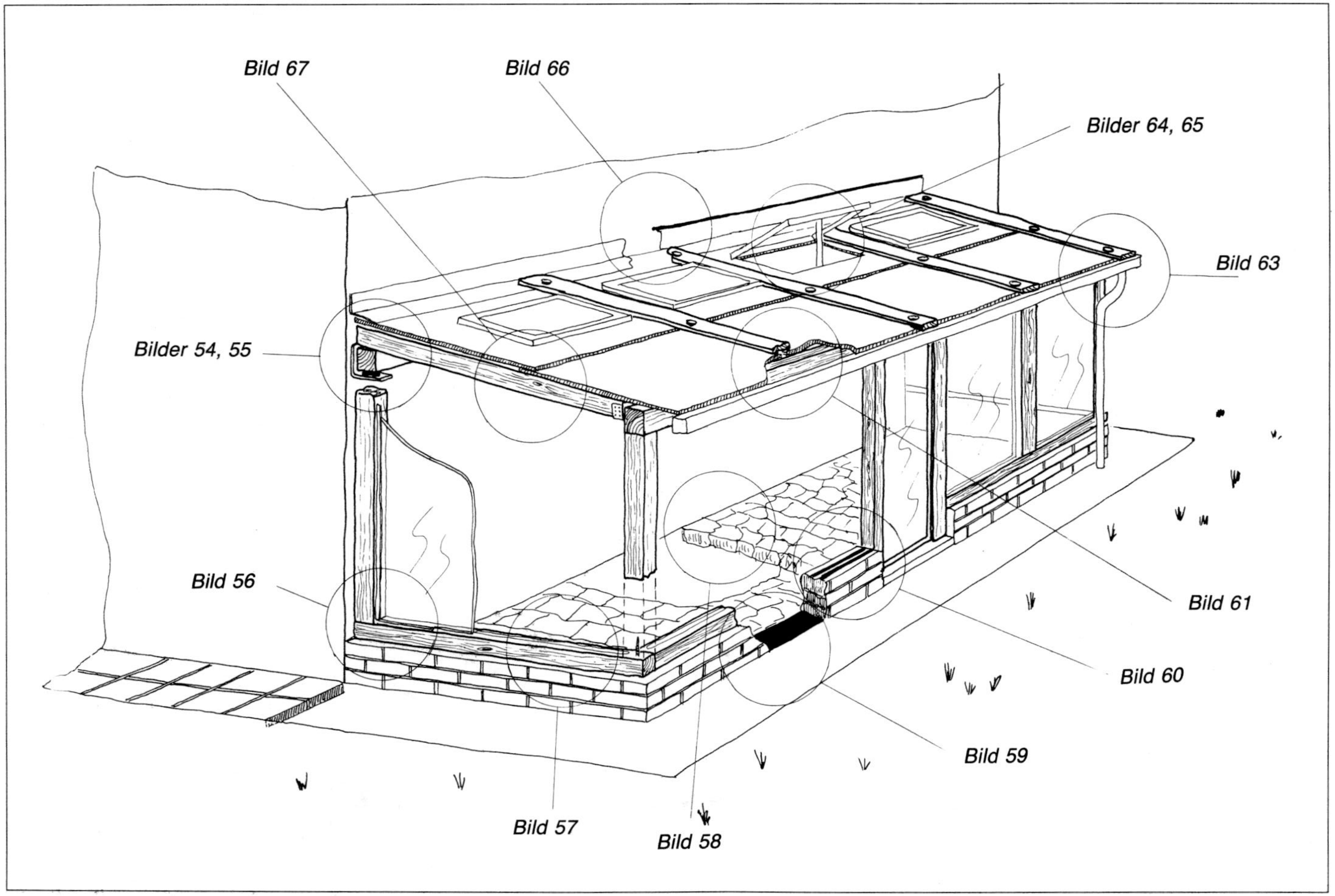

53 Diese Rißzeichnung soll in einem Beispiel aufzeigen, was beim Selbstbau von Wintergärten beachtet werden sollte. Der skizzierte Anbau stellt keineswegs eine Ideallösung dar, der Sie nacheifern sollten. Detailzeichnungen zu den Schwerpunkten finden Sie in den angegebenen Bildern.

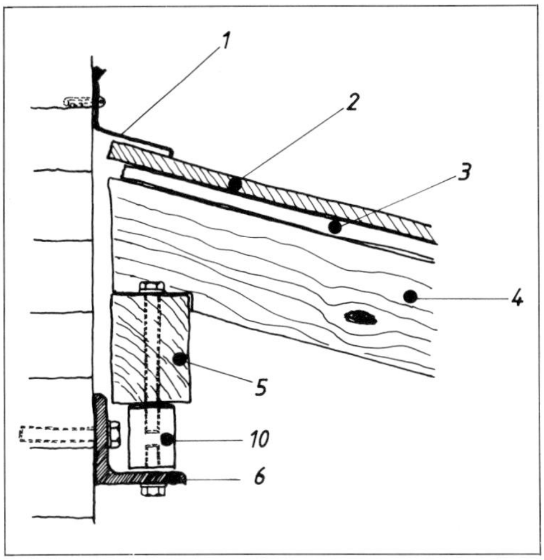

54 Anbindung ans Haus. 1 Deckblech, 2 Verglasung, 3 Ausgleich, wenn erforderlich, 4 Balken, 5 Pfette, 6 Haltewinkel, 10 Schwingmetall.

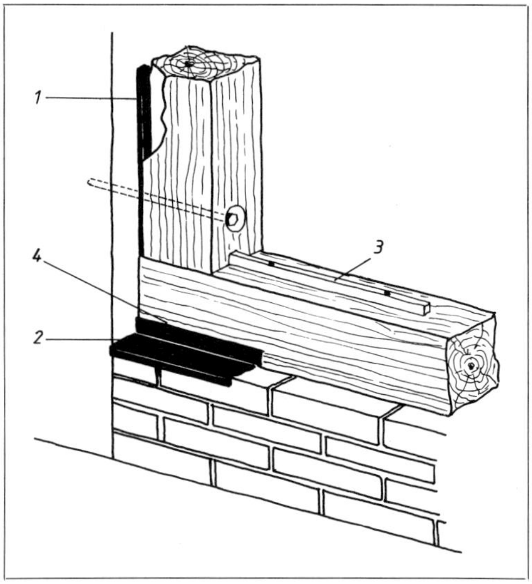

56 Anschluß ans Haus. 1 Dämmband (illmot oder Mossgummi), 2 Abdeckblech, 3 Glasleiste, 4 Silikonfuge.

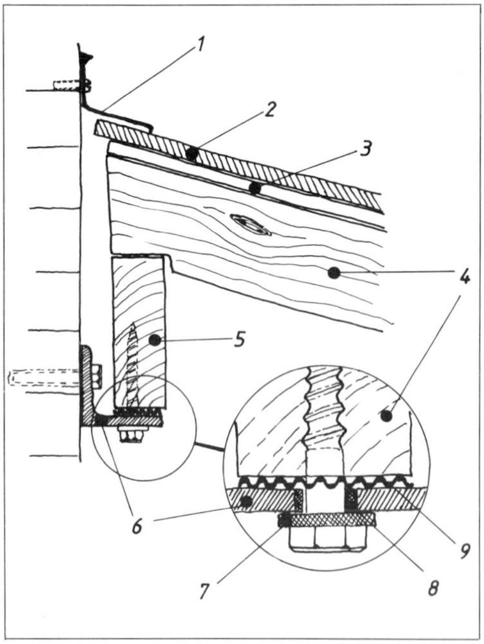

55 1 Deckblech, 2 Verglasung, 3 Ausgleich, 4 Balken, 5 Pfette, 6 Haltewinkel, 7 Dämm-Beilagscheibe, 8 Dämmeinlage, 9 Trapezlager.

nicht so wesentlich. Wichtig ist aber, diese Nahtstelle zwischen drinnen und draußen gegen eintretende Feuchtigkeit gut abzudichten. Denken Sie auch an die kapillar aufsteigende Feuchtigkeit.

Man kann die Holzschwellen natürlich auch an den Außenrand der Mauer setzen und erspart sich das Tropfblech. Wenn aber mit zurückgesetzter Schwelle und Tropfblech gearbeitet wird, muß die obere Fuge zwischen Blech und Holz mit Silikon verfüllt werden.

Die Vorgehensweise: Blech an das Holz anschrauben, jedoch die Schrauben nicht ganz anziehen. In die verbleibende, offene Fuge von etwa 2 bis 3 mm Silikon einspritzen. Nun die Schrauben fest anziehen, und die überquellende Fugmasse mit dem angefeuchteten Finger sofort entfernen.

Auf der Schwelle lassen sich die Anschlagsleisten für die spätere Glasfüllung gut montieren.
Der Ständerbalken sollte an der Hauswand angeschraubt werden. Aus Gründen der geringeren Schallübertragung und der Abdichtung gegen Regen sind zwischen Balken und Mauer Dichtungsstreifen einzulegen. Hierzu eignet sich Moosgummi-Dichtungsband. Bitte beachten Sie aber, daß das Material dehnfähig ist und eventuell auftretende Balkendrehbewegungen mitmacht. Silikon läßt sich aus diesem Grund nur im Zusammenhang mit schichtverleimtem Holz einsetzen, da dessen Drehneigung zu vernachlässigen ist.

Zu Bild 57: Besehen wir uns den Aufbau einmal von der Seite. Auf die Mauer stützt sich die Fußschwelle. Das Holz sitzt nicht direkt auf der Mauer, sondern auf Dichtbändern. Außer dem Grund des Feuchtigkeitsschutzes gibt es noch ein wichtiges Argument. Derartige Übergänge von draußen nach drinnen in eine andere (im Winter wärmere) Klimazone sind ein bevorzugter Tummelpfad für Insekten aller Art, allen voran die Ameisen. Wenn Sie nicht ein ausgesprochener Ameisenliebhaber sind, empfiehlt sich, diese Abdichtung sehr sorgfältig auszuführen. Das Tropfblech für den Außenbereich wurde bereits erwähnt. Auch im Inneren des Wintergartens kann aber Feuchtigkeit anfallen, wenn Wasserdampf an den kalten Fenstern kondensiert und an den Scheiben nach unten rinnt. Bei Einscheibenverglasungen ist dies eine sehr häufige und ganz natürliche Erscheinung. Dieses Wasser gilt es aufzufangen. Hierzu kann ein

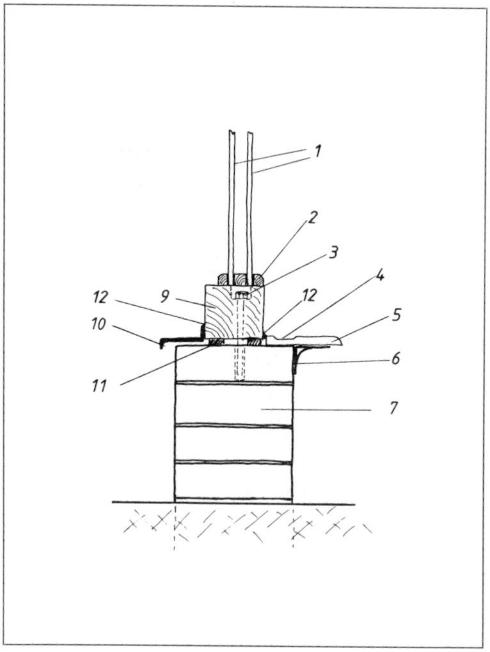

57 1 Scheibe, 2 Glasleiste, 3 Befestigungsschraube, 4 Rinne für Kondenswasser, 5 Fensterbrett, 6 Haltewinkel, 7 Mauer, 8 entfällt, 9 Balken, 10 Deckblech, 11 Dämmstreifen, 12 Silikonfuge.

Fensterbrett mit Wasserrinne dienen. Es bietet sich an, diese Rinne mit einem Ablaufschlauch auszustatten, der das anfallende Wasser sofort in ein tieferliegendes Gefäß oder auch in einen Pflanzkübel fließen läßt. Auch zwischen Rinne und Holzschwelle sollte eine Silikonfuge vorhanden sein.

Zu Bild 58: Wenn Sie Ihre bestehende Terrasse als Wintergartenboden verwenden können, erübrigt sich dieses Thema für Sie. Alle Neuerbauer aber sollten dem zu errichtenden Fußboden einige Gedanken widmen. Die Grundfunktion ist, alle Einrichtungsgegenstände zu tragen und den Bewohnern

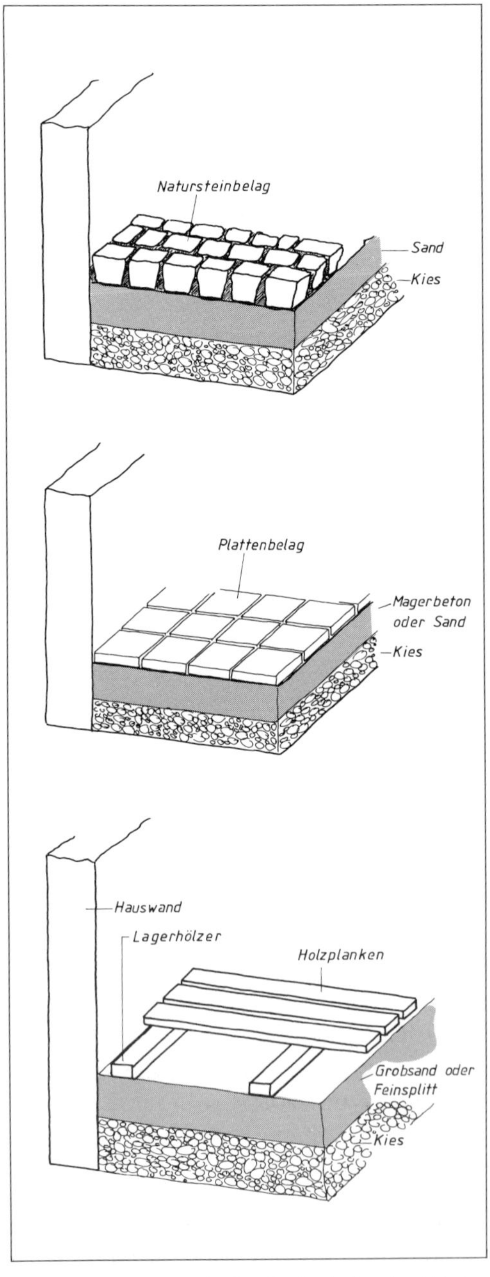

58 Je nachdem, ob der Bodenbelag im Wintergarten Energie speichern soll oder nicht, wird er aus massiven Steinen beziehungsweise Platten gemacht oder ein Bodenbelag aus Holzplanken auf Lagerhölzern verlegt.

gefahrloses und bequemes Begehen zu ermöglichen. Alle statischen Belange des Wintergartens übernimmt bereits das Fundament. Es gibt außerdem aber noch einige andere Faktoren. Der Mensch soll sich im Wintergarten wohlfühlen, also auch bequem und entspannt gehen und stehen können. Diese Anforderung ist immer bei einem Boden aus Holzdielen erfüllt, die auf Lagerhölzern aufgelegt sind. Dieser an sich ideale Baustoff bietet leider den Nachteil, daß er in keiner Weise wärmespeichernd wirkt. Die Holzplanken werden immer annähernd und schnell die Umgebungstemperatur annehmen. Scheint die Sonne darauf, sind sie warm; sobald aber die Nacht einbricht, hat der Fußboden diesselbe Temperatur wie der Unterboden aus Sand oder Schotter. Hinzu kommt leider, daß die Holzdielen nur wenig Wärme zum Unterboden durchlassen, sich dieser also auch nicht erwärmen kann.

Ganz anders sieht es bei Natur- oder Kunststeinbelägen aus. Diese ebenso dekorativen Materialien haben beim Speichervermögen ihre Stärke. Bodenaufbauten, wie in der Zeichnung gezeigt, können große Mengen an Wärmeenergie speichern. Die volle Aufladung geschieht nicht in ein oder zwei Tagen, sondern nimmt einen je nach Material und Schichtenaufbau verschieden langen Zeitraum ein. Was bringt uns das? Wenn der Tag sich neigt, wird es im Freien kühler. Auch die Luft im Wintergarten kühlt ab. Jetzt kann der aufgeheizte Steinboden langwellige Wärmestrahlen abgeben. Die Wirkung ist mit der des Kachelofens vergleich-

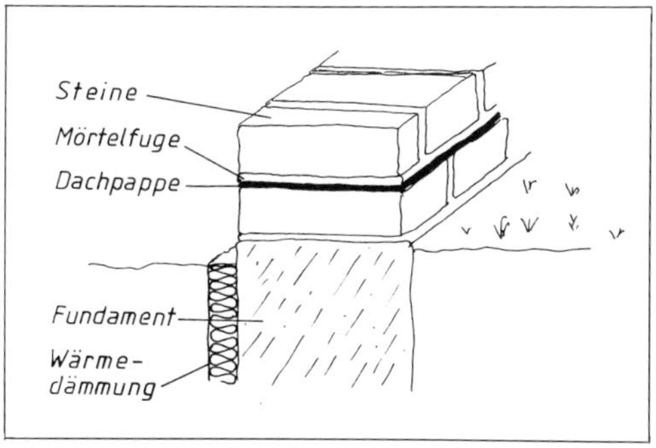

59 Immer, wenn der Boden Energie speichern soll, muß der Fußboden innen gegen das Fundament gedämmt werden.

bar: trifft diese Strahlung einen Gegenstand oder menschlichen Körper, wird sie in Wärmeenergie umgewandelt. Wir fühlen uns wohl, obwohl die Luft abgekühlt ist.

Zu Bild 59: Zwischen Fundament und Mauer ist eine Feuchtigkeitssperre vorzusehen. Die hierzu verwendete Dachpappe ist nach der ersten Steinlage aufs Mörtelbett aufzulegen. Hierüber wird normal weitergemauert.

Wenn der Fußboden im Wintergarten die aufgenommene Wärmeenergie speichern soll, muß er gegen das Fundament isoliert sein. Als Material eignen sich druckfeste Styrodurplatten. Sollten Sie Ihren Wintergartenboden allerdings aus Holz bauen (s. S. 66, Bild 58) ist die Isolierung zwar nicht unbedingt erforderlich, aber dennoch zu empfehlen.

Zu Bild 60: Bei der Verglasung des Wintergartens kann man unter vielen Möglichkeiten wählen. Sie sollen hier nicht im einzelnen noch einmal aufgezeigt werden. An dieser Stelle geht es nur um die Abdichtung verschiedener Verglasungstypen zur Grundmauer hin. Ordnet man die Glashalterung bündig zur Außenseite der Grundmauer an, kann das Fensterblech entfallen, und es genügt eine Silikonfuge.

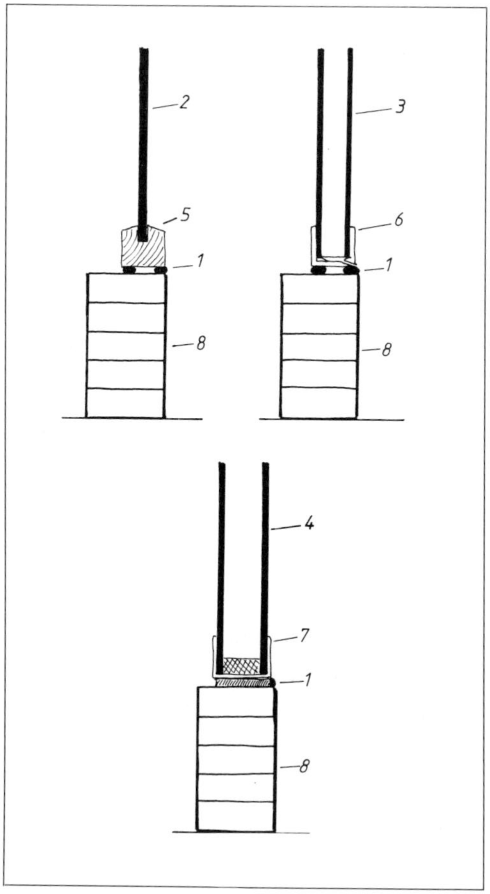

60 Verschiedene Verglasungsarten. Es ist wichtig, der Verglasung immer genügend Spielraum zu belassen. Es darf niemals Glas auf andere Teile der Konstruktion »knirsch« gesetzt werden, um Bruch zu vermeiden. 1 Dämmstreifen, 2 Einfachglas, 3 Stegdoppelplatte, 4 Isolierglas, 5 Holzrahmen, 6 Aluminiumprofil mit Entwässerung, 7 einfaches Aluminiumhalteprofil, 8 Mauer.

Es ist nicht empfehlenswert, Glas- oder

Plexiglasscheiben direkt auf das Mauerwerk zu stellen. Schon geringste Verspannungen infolge von Holzverformung oder Hitzeausdehnung würden genügen, Glas zu zerstören. Plexiglas ist in dieser Beziehung nicht empfindlich, bedarf jedoch noch größerer Ausdehnspielräume. Wenn diese Möglichkeit fehlt, kommt es zu lautstarken Knackgeräuschen. Alle Verglasungen sollten in Rahmen gefaßt und mit dem Rahmen erst in die vorgesehene Öffnung gestellt und befestigt werden. Fertig vom Hersteller bezogene Elemente sind problemloser zu handhaben, beim Heimwerker einzeln erstellte Fensterelemente müssen von den Toleranzen und Ausdehnungsmöglichkeiten her etwas großzügiger bemessen sein.

Es ist meines Erachtens immer sinnvoll, unter diesen Fensterelementen Dämmstreifen anzuordnen, da dann die einzelnen Bauteile nie »knirsch« aufeinandersitzen. Wenn Fensterrahmen direkt auf die Mauer gesetzt werden, ist die Befestigung in den senkrechten Säulen der Wintergartenkonstruktion empfehlenswerter als in der Grundmauer.

Immer wenn Sie Plexiglas-Stegdoppelplatten als senkrechte Verglasung anbringen wollen, muß eine Entwässerungsmöglichkeit nach unten gegeben sein.

Wichtig bei der Verarbeitung von Isolierglasscheiben (zwei oder drei Scheiben) ist, die umlaufenden Abstandshalter zwischen den einzelnen Scheiben vor UV-Licht zu schützen. Erkundigen Sie sich beim Hersteller oder Lieferanten der Scheiben.

Zu Bild 61: Das wichtigste und von der Ausführung her schwierigste Kapitel des Glashausbaus ist die Dachverglasung. Hier sind sicherlich die häufigsten und schwerwiegendsten Fehler zu machen.

Fangen wir bei den Trägern des Daches, den Sparren, an. Der Selbstbauer wird, kauft er kein vorgefertigtes System, in der Regel zu Holz als Baumaterial greifen. Der Werkstoff Holz ist aber in Verbindung mit Glasscheiben nicht unproblematisch, da er sich unter Einfluß von Feuchtigkeit und Temperatur ausdehnt, schrumpft oder in Längsrichtung dreht. Letzteres ist besonders unangenehm, da sich ein solcher Balken kaum maßgerecht verarbeiten läßt. Unabdingbare Voraussetzung für Holz-Dachsparren aus Vollholz (in der Zeichnung A, B und C) ist die Verwendung von Kernholz.

Versuchen Sie, aus dem Sägewerk wenigstens ein Jahr abgelagertes Holz zu bekommen. Besser, aber auch teuerer, sind schichtverleimte Balken, in größeren Teilen auch als Binder bezeichnet. Sie sind annähernd verwindungsfrei, wenn vorgetrocknetes Holz wasserfest verleimt wurde.

Dachsparren aus Materialien wie Kunststoff, Aluminium oder Stahl werden an dieser Stelle nicht besonders erwähnt, da es vorgefertigte Profile gibt, die die Selbstherstellung aus Rohmaterial unwirtschaftlich erscheinen lassen. Da sich die Maßänderungen (hauptsächlich Längendehnung) in engen Grenzen halten, ist die Konstruktion mit diesen Elementen problemloser als mit Holz. Auch hier muß die Ausdehnung von Plexiglasscheiben berücksichtigt werden.

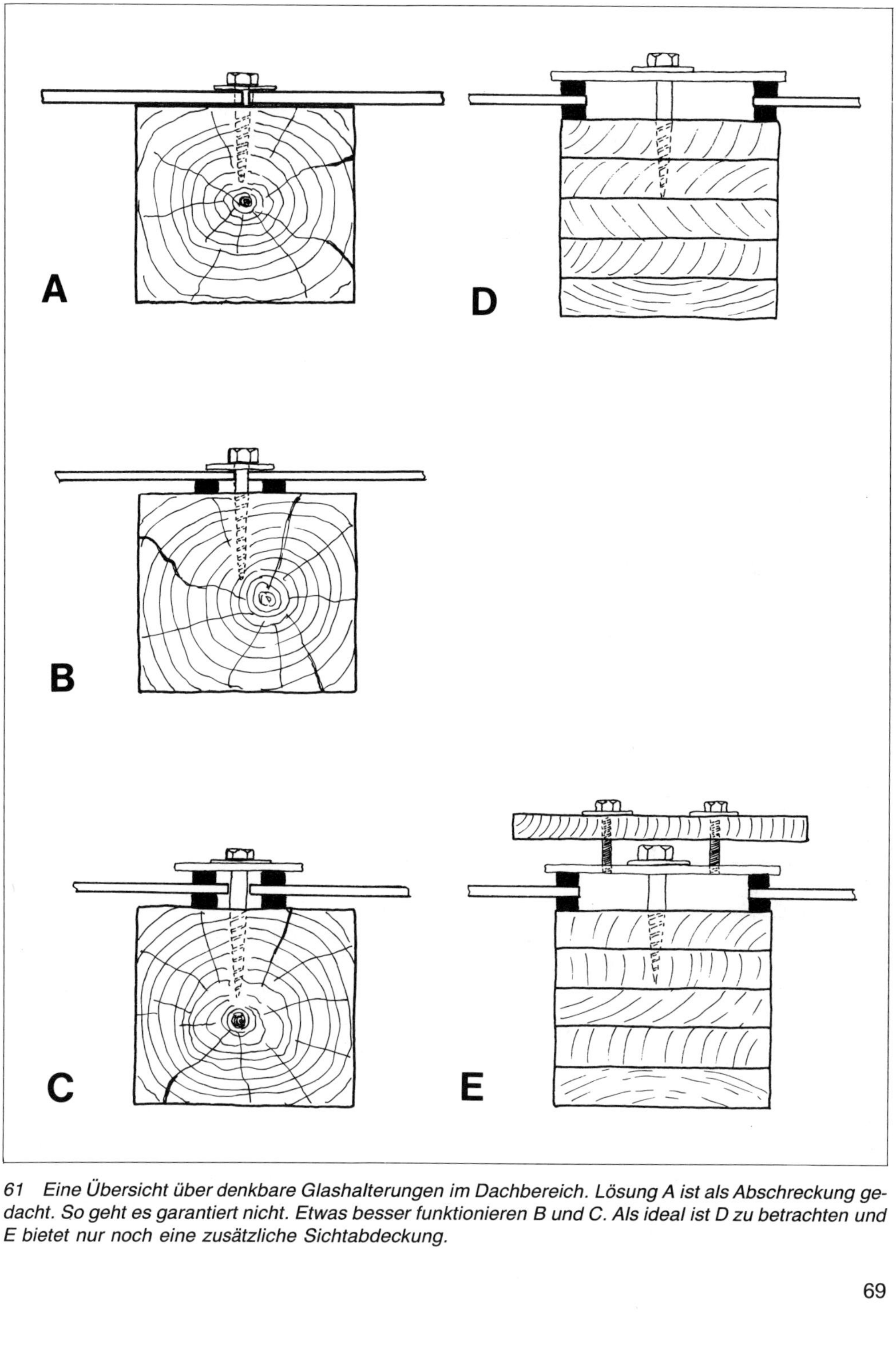

61 Eine Übersicht über denkbare Glashalterungen im Dachbereich. Lösung A ist als Abschreckung gedacht. So geht es garantiert nicht. Etwas besser funktionieren B und C. Als ideal ist D zu betrachten und E bietet nur noch eine zusätzliche Sichtabdeckung.

Die Glasbefestigung

Die folgenden Ausführungsbeispiele gelten für alle Glasarten. Abweichungen werden ausdrücklich erwähnt.

Das Beispiel A ist als Abschreckung gedacht. So sollten Sie Glas unter keinen Umständen auf Holz befestigen, denn Ihre Freude wäre sicher nur von kurzer Dauer.

Die Zeichnung B veranschaulicht das untere Maß dessen, was an Glasbefestigung im Dachbereich zu vertreten ist. Die beiden Scheiben sind federnd auf Moosgummistreifen aufgelegt und werden von einer Schraube mit Beilagscheibe gehalten. Der Stoß zwischen den Scheiben wird mit Silikon verfüllt. Auch bei Bewegung des Balkens werden die Scheiben nicht brechen.

Nachteile: Die eng aneinanderstoßenden Scheiben können sich kaum seitlich ausdehnen, was eine erhöhte Bruchgefahr mit sich bringt. Gravierender allerdings ist der Umstand, daß die beiden Glasscheiben bis zur Balkenmitte ragen. Erhitzt die Sonne den meist dunkel gestrichenen Balken, wird dieser heiß und strahlt Wärme an die darüberbefindliche Scheibe ab. Der Rest der Scheibe wird möglicherweise gut belüftet und bleibt daher wesentlich kühler. Was nun folgt, kann sich jeder leicht denken: in der Scheibe kommt es zu Thermospannungen, die zum Bruch führen können (dies gilt in diesem Ausmaß nicht für Plexiglasscheiben).

Beispiel C: Folgerichtig sind hier ähnliche Vorbehalte über die Dauerhaftigkeit dieser Konstruktion zu machen wie im Beispiel B. Hier ist allerdings die Scheibenhalterung besser ausgeführt. Die Scheibe wird von oben und unten elastisch gehalten. Dazu ist der seitliche Scheibenabstand etwas vergrößert. Das Problem der Holzaufheizung bleibt. Es läßt sich wesentlich verbessern, wenn entweder die Scheibe höher über dem Holz angebracht wird oder die Holzoberfläche mit Reflexfolie oder Alufolie beklebt wird. Die einfallende Sonnenstrahlung wird dann weitgehend reflektiert und kann die Bauteile nicht aufheizen. Mit diesen Ergänzungen ist die Lösung insgesamt brauchbar.

Lösung D: Hier stellt sich uns geradezu die Ideallösung dar. Über einem schichtverleimten Holz werden die beiden Scheiben am Holzrand beidseitig federnd elastisch gehalten. Der Spannbügel ist so breit wie der Balken und besteht aus Aluminium oder Kunststoff. Der Bügel wird ebenfalls mittig in den Balken geschraubt. Es ist sinnvoll, aus Gründen der Wärmeableitung den Raum zwischen den Scheiben zu lüften. Dies ist am einfachsten mit Lüftungsöffnungen an den unteren und oberen Sparrenenden zu erreichen. Bitte versehen Sie die jeweiligen Enden dieser Lüftungsöffnungen mit Insektengittern, da dieser warme Zwischenraum eine ideale Brutstätte abgäbe.

In **Beispiel E** erkennen Sie nur eine Erweiterung der Lösung D. Sie trägt dem Gedanken Rechnung, daß die Aluminiumplanken auf einem gekonnt gestylten Holzbau nicht gerade der Weisheit

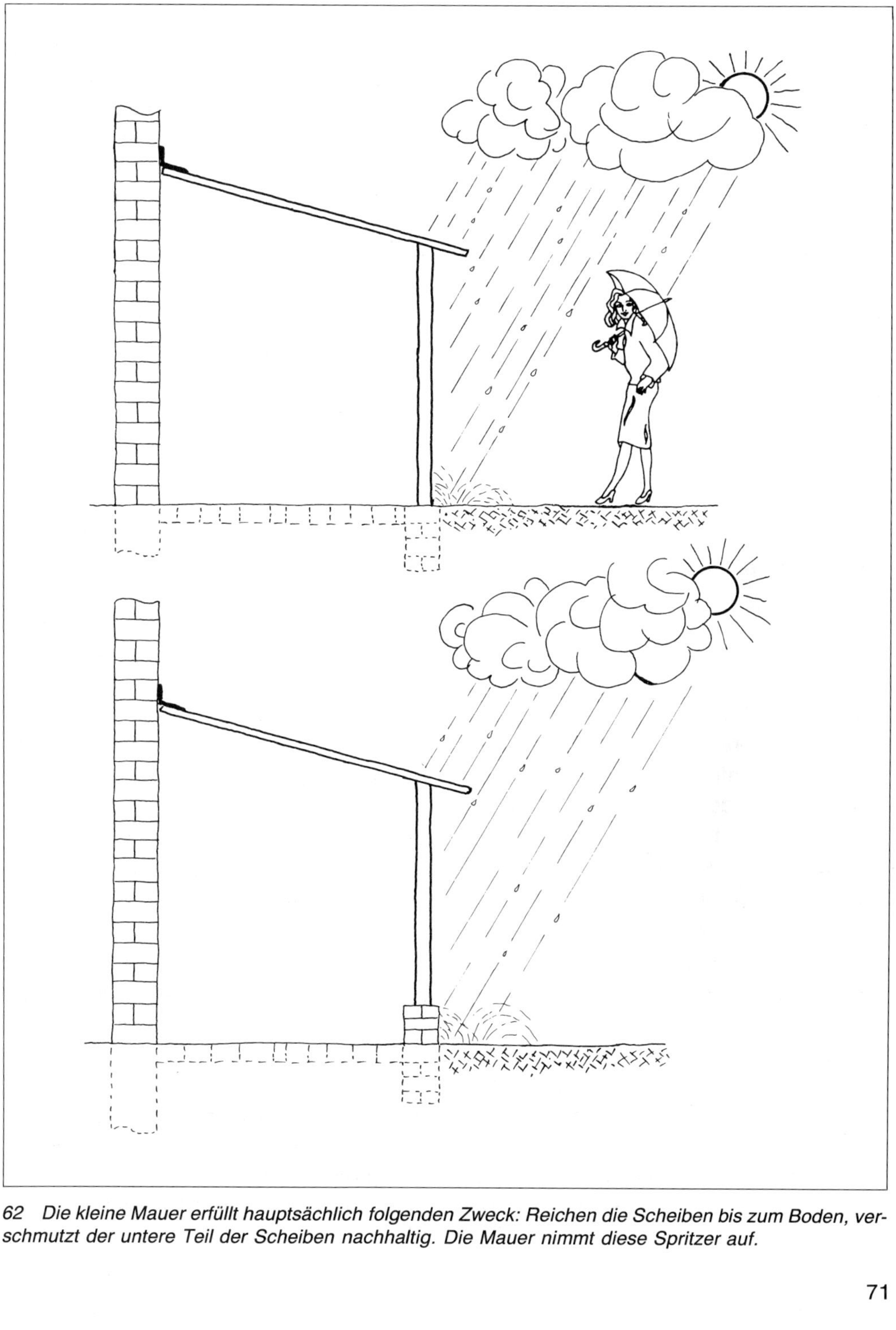

62 Die kleine Mauer erfüllt hauptsächlich folgenden Zweck: Reichen die Scheiben bis zum Boden, verschmutzt der untere Teil der Scheiben nachhaltig. Die Mauer nimmt diese Spritzer auf.

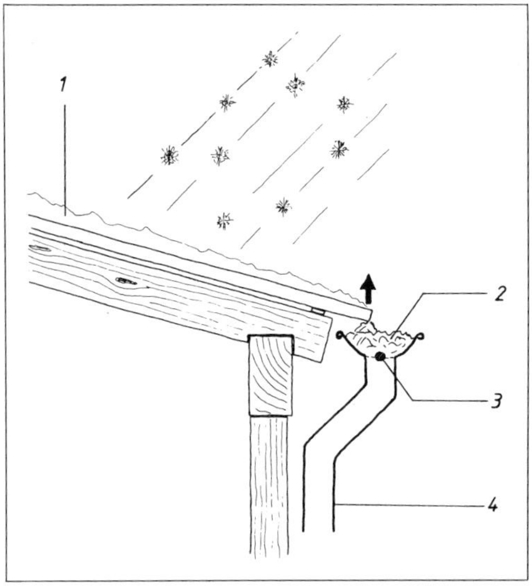

63 Bei Eis und Schneefall im Winter sammeln sich kleine »Gebirge« in der Dachrinne an. In ungünstigen Fällen kann gefrierendes Eis-Wasser-Gemisch sich ausdehnen und die überstehende Scheibe in Pfeilrichtung nach oben drücken. Abhilfe schafft eine elektrische Dachrinnenheizung, die etwa 50 Watt pro Meter erfordert.

letzter Schluß sind. Das zuoberst angebrachte Holzbrett hat nur den optischen Zweck, die reflektierende Aluminiumplanke zu verdecken. Das Brett kann noch tiefer gesetzt sein. Es sollte zweckmäßigerweise kesseldruckimprägniert sein, da Sie an diese Stelle wahrscheinlich nie wieder herankommen werden.

Zu Bild 63: Ein oft nicht beachtetes Problem ist die winterliche Zusammenwirkung von Dachrinne und Glasdach. Um das abtropfende Wasser sauber auffangen zu können, muß die Dachrinne möglichst dicht unter der vorspringenden Glasplatte angebracht sein. Im Winter gibt es Wetterverhältnisse um 0 Grad Celsius, die sich folgendermaßen auswirken: nasser Schnee fällt auf das Wintergartendach, schmilzt dort und fließt/rutscht in die Dachrinne. Das Wasser-Eis-Gemisch kann nicht abfließen und türmt sich auf. In der (meist kälteren) Nacht dehnt sich der kleine Eisberg nochmals um 1/11 (Ausdehnung von Wasser zu Eis), berührt die festgeschraubte Glasplatte und versucht, sie nach oben zu stemmen (siehe Pfeilrichtung). Den weiteren Vorgang brauche ich wohl nicht zu schildern. Übrigens sind sowohl Glas- wie auch Plexiglasplatten gefährdet.

Abhilfe kann eine elektrische Dachrinnenheizung schaffen, die bei Bedarf eingeschaltet wird. Von der Automatisierung des Vorgangs ist abzuraten, weil die Stromkosten auf Dauer in keinem Verhältnis zum Ertrag stehen. Einfacher und billiger wäre es, eine im Bedarfsfall abklappbare Dachrinne zu konstruieren.

Zu Bild 64, 65: Um im Wintergarten bei hochsommerlicher Hitze erträgliche Temperaturen zu schaffen, ist eine leistungsfähige Be- und Entlüftung unabdingbare Voraussetzung. Auf elektrische Lüfter, die temperaturgesteuert automatisch arbeiten, sei hier nicht weiter eingegangen. Wir beschränken uns auf manuell zu bedienende Systeme.

Als Belüftung kann bei kleineren Wintergärten die Eingangstür dienen; bei größeren Anbauten entsprechend zwei Türen. Durch diese Anordnung können allerdings lästige Zugerscheinungen auftreten. Besser ist es, in Traufhöhe Lüftungsöffnungen, wie zum Beispiel Klappfenster, vorzusehen. Diese können einfachst verriegelt werden und hängen, einmal geöffnet, an einer Kette.

64 *Einfache Lüftungs- und Entlüftungsfenster lassen sich selbst bauen. Speziell im Dachbereich ist darauf zu achten, daß die Fenster dicht auf der Dachhaut liegen.*

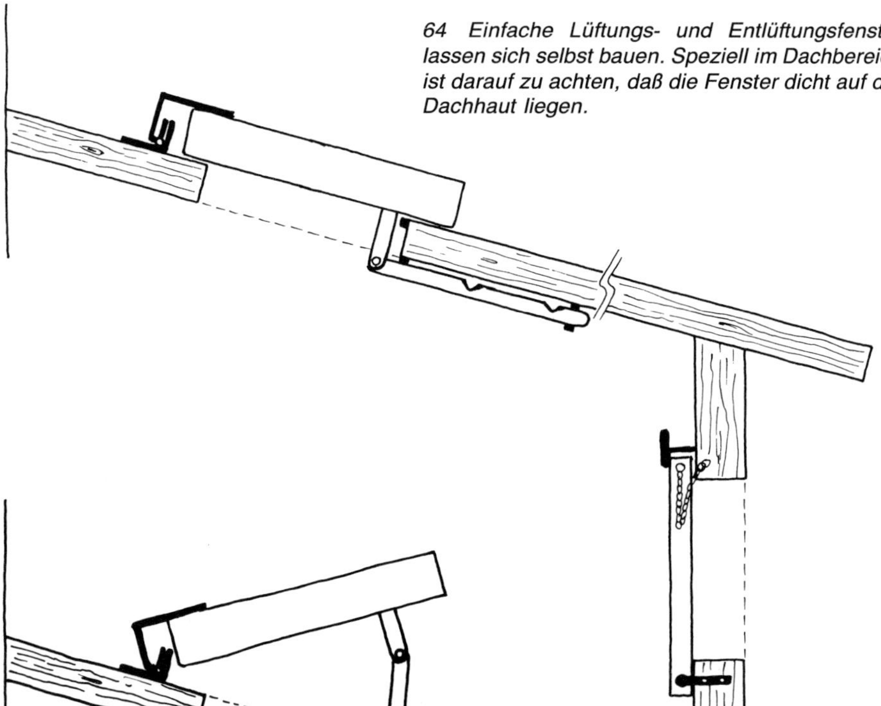

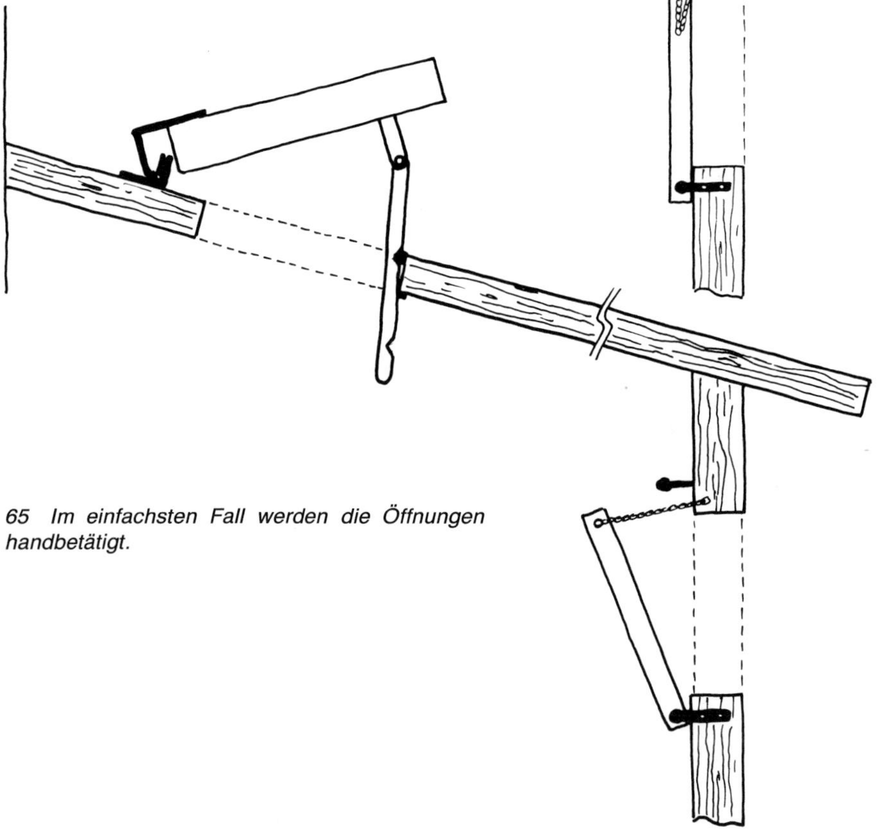

65 *Im einfachsten Fall werden die Öffnungen handbetätigt.*

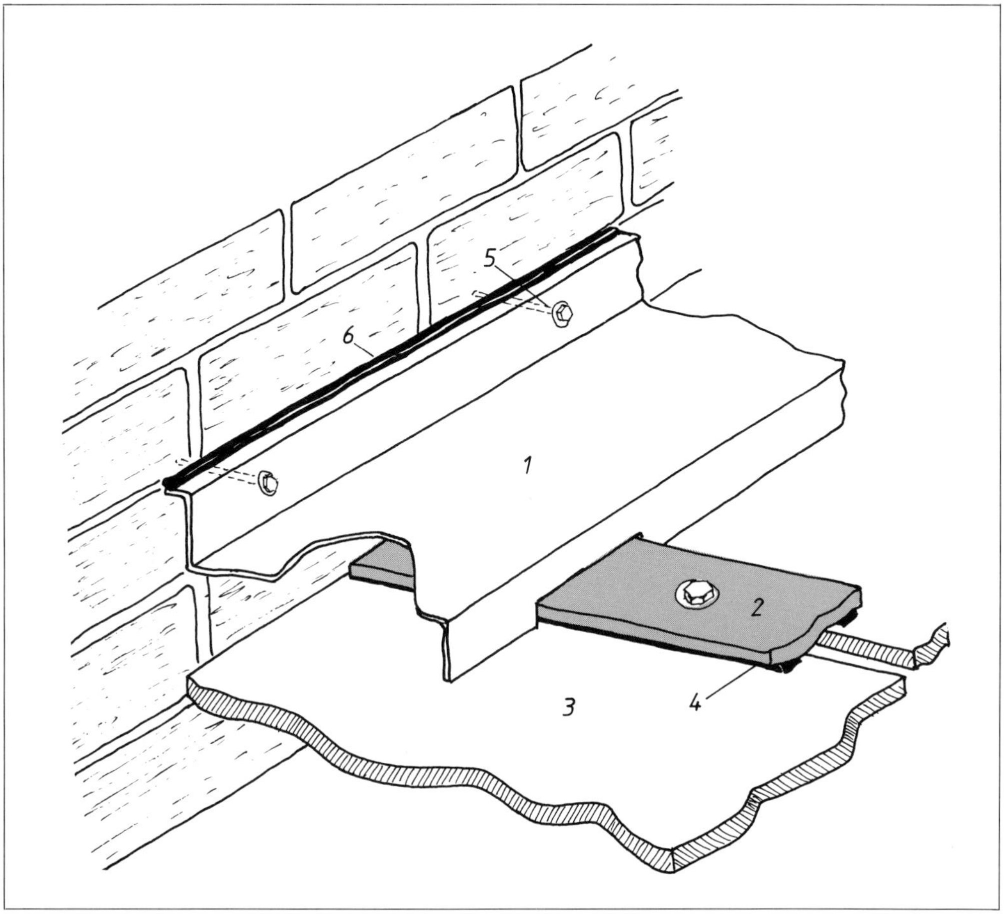

66 Das Deckblech 1 schließt die Lücke zwischen Haus und Anbau. Es sitzt lose auf der Verglasung 3 und dem Halteprofil 2 auf, ist allerdings mittels der Schrauben 5 fest mit der Hauswand verankert. Die Regendichtigkeit verschafft die Silikonfuge 6.

Die Entlüftung sollte im höchsten Punkt der Dachverglasung über die gesamte Dachbreite angeordnet werden. Es gibt automatische Fensteröffner, die ohne Fremdenergie arbeiten und aus dem Gewächshausbau bekannt sind. Wesentlich simpler sind einfache Dachflächenfenster, die am oberen Punkt verdeckt in Scharnieren gelagert sind und mit einer Stange geöffnet und arretiert werden. Im eigenen Interesse sollten Sie solch ein System sturmsicher bauen, denn wer weiß, ob Sie immer zu Hause sind, wenn ein Sturm droht.

Zu Bild 66: Der Wintergarten grenzt mit seiner oberen Abdeckung an das beste-

hende Haus an. Es ist klar, daß diese Verbindung absolut wasserdicht hergestellt werden muß. Das Blech- oder Kunststoffteil, das diese Aufgabe übernimmt, wird ein bis zwei Zentimeter (je nach Putzstärke) in die Wand eingelassen und mit Silikon abgedichtet. Die Wandfuge ist am einfachsten und saubersten mit einer Trennflex auszuführen, nachdem in der richtigen Höhe ein Strich angerissen wurde.
Das Abdeckblech kann entweder flach auf dem Glasdach aufliegen, wie im Bild 66 dargestellt oder die durchgehenden Aluminiumplanken überlappen.

Zu Bild 67: Die Dachverglasung ist noch eine weitere Überlegung wert. In den meisten Fällen wird die Glastafel in einem Stück von der Hauswand bis zur Wintergartentraufe durchgezogen. Verwendet man allerdings Isolierglas, so ist dies bei größeren Längen aus Gewichtsgründen nicht mehr möglich. Auch steigen die Preise für solche Sondermaße, vom unhandlichen und schwierigen Transport gar nicht zu reden. Jede Verglasung, die über ein Maß von etwa drei Meter hinausgeht, muß schon aus praktischen Gründen aus zwei Teilen zusammengesetzt werden. Dabei erhebt sich die Frage nach der Verbindung an den Stoßkanten.
Die Lösung A ist indiskutabel. An der Stoßstelle wird sich immer Wasser halten und Schmutz ansammeln.
Lösung B arbeitet zwar nach dem Prinzip der Dachdeckung und ist insofern richtig. Die obere Glasplatte kann allerdings nicht vollständig aufliegen, was Dichtigkeits- und Befestigungsprobleme mit sich bringt.

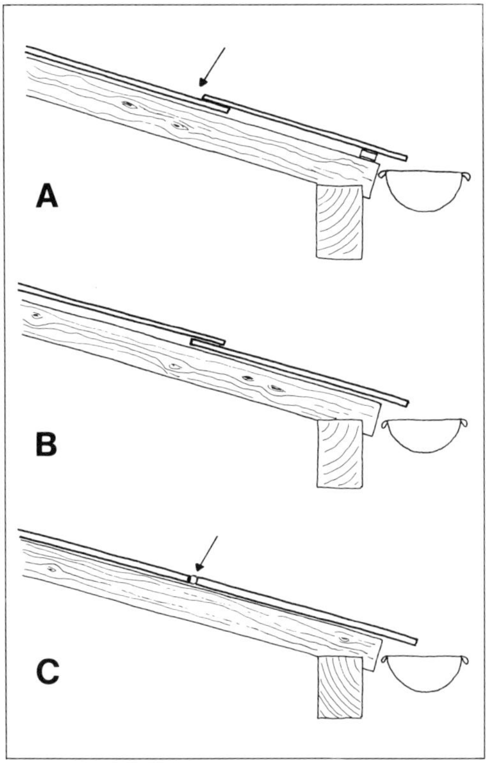

67 Wie soll das Glas aufliegen? A So sollte es unter keinen Umständen sein. Die Fuge wäre ein ständiger Feuchte- und Schmutzherd. B Diese Lösung ist prinzipiell brauchbar, schafft aber das Problem, die obere Scheibe höher aufliegen zu lassen als die untere. Die Verlängerung von Einzel- oder Isolierglasscheiben läßt sich am besten mit einer etwa 5 mm breiten Silikonfuge bewerkstelligen, die unten und oben von einem breiten Aluminiumstreifen überdeckt wird.

Die sinnvollste Gestaltung eines Stoßes zwischen Glasplatten ist in C gezeigt. Zuerst wird die obere Platte befestigt, dann die untere auf eine Schlitzbreite von etwa 4 bis 5 mm angeschoben und

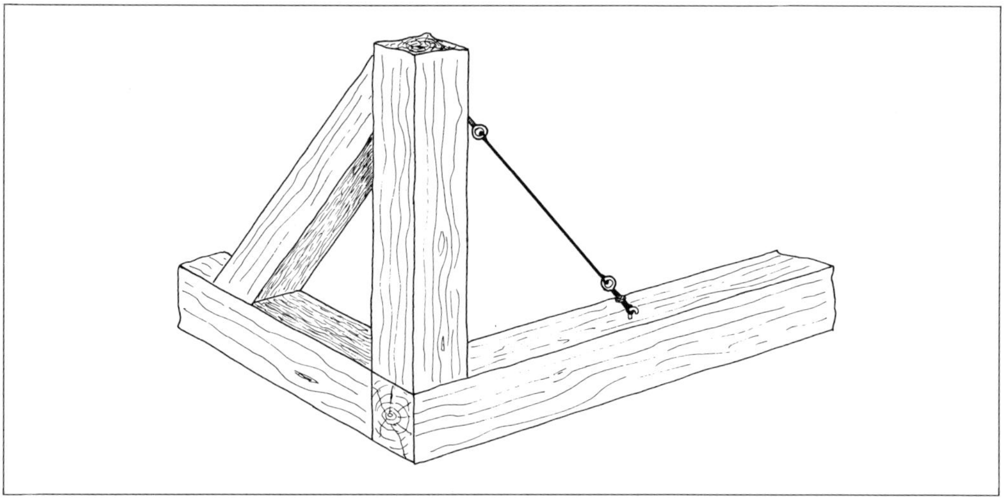

68 Hier sei nur das Prinzip von Windaussteifungen verdeutlicht. Sie können aus Holz oder Blechbändern beziehungsweise Stahlseilen hergestellt sein. Es ist allerdings günstiger, die Aussteifung über größere Schenkellängen zu führen, als dies hier exemplarisch dargestellt ist.

ebenfalls befestigt. Der Schlitz wird satt mit Silikon ausgefugt. Kommt Isolierglas zum Einsatz, ist über die gesamte Naht selbstklebende Alufolie oder ähnliches zu kleben, um die Scheibenabstandshalter vor UV-Licht zu schützen. Stegdoppelplatten sind mit dieser Methode nicht zu verbinden.

Die Windversteifung

Ein Glasbau, der sich einseitig an ein Wohngebäude anlehnt, kann in der Regel den Windsog- und Winddruckkräften nicht genügend Widerstand bieten. Es ist daher erforderlich, den Wintergarten in wenigstens zwei Ecken auszusteifen. Dies kann mit Hölzern, Aluleisten, gelochten Blechbändern oder Seilen durchgeführt werden.

Heizung

Der Einbau einer Heizung will genau überlegt sein. Nehmen wir an, Sie haben sich dafür entschieden, weil Sie beispielsweise tropische Pflanzen züchten wollen.

Verschiedene Heizsysteme wurden bereits behandelt. An dieser Stelle erscheint mir nur der Hinweis wichtig, daß die gesamte Heizanlage des Wintergartens vom Wohnhaus aus absperrbar und entleerbar sein sollte, um für Notfälle wie Heizungsausfall, extreme Kälte oder längere, ungeplante Abwesenheit im Winter gewappnet zu sein.

Material, Verarbeitung und Befestigungssysteme

69 Wohnen in der Natur.

Holz als tragendes Element

Der Werkstoff Holz ist der älteste und natürlichste Baustoff der Welt. Dies hat gute Gründe. Holz gibt es überall, es ist universell verwendbar, mit einfachen Werkzeugen zu bearbeiten und zeitlos schön. Seine Nachteile sind schnell aufgezählt: Holz ist als natürlicher Baustoff anfällig gegen Schädlinge und entwikkelt bei Einfluß von Feuchtigkeit und hohen Temperaturwechseln unter Umständen ein bewegtes Eigenleben.

Eigenschaften von Holz:

- sehr widerstandsfähig,
- gut wärmedämmend,
- bildet keine Kältebrücken und verhindert dadurch Kondensatniederschlag,
- es wirkt schalldämmend,
- es ist brennbar, aber auch bei hohen Temperaturen mechanisch unverändert stabil,
- sehr leichte Verarbeitung möglich,
- vielfältige Farben und Strukturen erhältlich.

Welche Holzart ist geeignet?

Für alle statisch wichtigen Teile (Säulen und Sparren) ist die Verwendung von Kernholz obligatorisch, da es formstabiler bleibt als die äußeren Holzteile des Baumes. Verblendhölzer und Leisten können aus Splintholz bestehen.

Kiefer, sehr harzhaltiges Holz, stark rißbildend, vielfarbiges Erscheinungsbild von hellfarben bis dunkelrot, im Laufe der Jahre nachdunkelnd, bei unsachge-

70 Der Wintergarten ist an die verlängerte Brandmauer angelehnt.

71 Der Wintergarten darf mit ins Haus.

72 Eine klare und einfache Holz-Glas-Konstruktion.

mäßer Lagerung blaufärbend, mittlere Haltbarkeit.

Weißtanne. Helle Farbe, sehr gleichmäßiges, fast astfreies Holz, nicht blaufärbend.

Nordische Weißtanne. Farbtönung hell und gleichmäßig, nicht blaufärbend, astreicher als Weißtanne.

Nordische Rottanne. Leicht rötliches Kern- aber blasses Splintholz; Splintholz kann blau färben.

Sequoia. Sehr witterungsbeständig, weich und leichtgewichtig, das von Natur aus rote Holz wird im Laufe der Zeit grau.

Oregon-Pinie. Rötlich-braunes, sehr haltbares Kernholz, Splintholz hell und zu Blaufärbung neigend, gleichmäßige Maserung, ohne Astlöcher.

Rote Western-Zeder. Eines der haltbarsten Hölzer, dunkel- bis rotbraun mit Farbschattierungen, weiches Holz, sehr leicht zu bearbeiten, kann ohne Witterungsschutz auskommen, vergraut dann aber im Lauf der Jahre.

Holzschutz

Der wichtigste Schutz ist der konstruktive Holzschutz! Holz sollte immer so verbaut werden, daß es Witterungseinflüsse verkraften kann, ohne bleibenden Schaden zu nehmen. Erst dann, wenn Holz über diese Möglichkeiten hinaus eingesetzt werden soll, ist chemischer Holzschutz unerläßlich. Die schwierigste Bedingung, unter der das Material Holz eingesetzt wird, ist der Verbau in der Erde. Hierfür ist ausschließlich kesseldruckimprägniertes Holz einsetzbar. Der Erdkontakt von Hölzern ist beim Bau eines Wintergartens jedoch weder erforderlich noch zu empfehlen. Alle Rahmenkonstruktionen sind zweckmäßigerweise über der Erde zu gründen, so daß der Baustoff nie dauernd feucht gehalten wird. Durch Regen naß gewordenes Holz, das problemlos wieder austrocknen kann, wird auch ohne besonderen Schutz lange halten.

Holz farbig gestalten

Gehobeltes und geschliffenes Holz kann lackiert werden. Es ist zweckmäßig, zwei Deckschichten aufzubringen. Je dunkler der gewünschte Farbton, um so kürzer ist die Haltbarkeit des Lacks zu veranschlagen. Hellere Farben sind standfester, weil sie sich bei Sonnenbestrahlung nicht so stark aufheizen. Lackierte Hölzer, die der Witterung ständig ungeschützt ausgesetzt sind, bedürfen einer relativ häufigen Renovierung. Das bedeutet: abbeizen, abschleifen und neu streichen.

Wesentlich weniger Aufwand und Pflege erfordert die Holzversiegelung mit Lasuren. Sie bilden keinen deckenden Film und sind daher meist witterungsbeständiger als Lacke. Es genügt in der Regel, lasierte Hölzer alle zwei Jahre abzuwaschen und eine neue Lasurschicht aufzutragen. Helle Lasuren bieten dazu den großen Vorteil, die lebendige Holzmaserung optisch zu erhalten und manchmal sogar noch zu betonen.

Rahmen aus Holz

Bisher war die Rede von Vollholz, wie es vom Sägewerk oder Holzhandel geliefert wird. Wie schon erwähnt, hat Vollholz den Nachteil, sich während des Trocknungsprozesses und bei starken Temperatur- und Feuchteschwankungen zu dehnen. Geschähe diese Maßveränderung nach allen Seiten hin gleichmäßig, bräuchte man kein Wort darüber zu verlieren. Leider ist das nicht so. Insbesondere drehwüchsige Hölzer schaffen abnorme Formänderungen, die sich nicht mit den klaren Normen von Glasbauteilen vertragen.

Da im Holzhandel nur selten ausgetrocknetes Holz zu erschwinglichen Preisen zu erhalten ist, ist es dem Bauherrn auch nicht möglich, die Drehwuchsneigung eines Balkens zu erkennen, da diese wahrscheinlich erst einsetzt, wenn er das Holz gekauft und schon einige Wochen trocken gelagert hat.

Abhilfe schafft der sogenannte Leimbinder. Vorgetrocknete Holzbretter von etwa zwei Zentimetern Dicke werden aufeinandergeschichtet und unter Preßdruck verleimt. Der so gewonnene Leimbinder ist sehr stabil und, vor al-

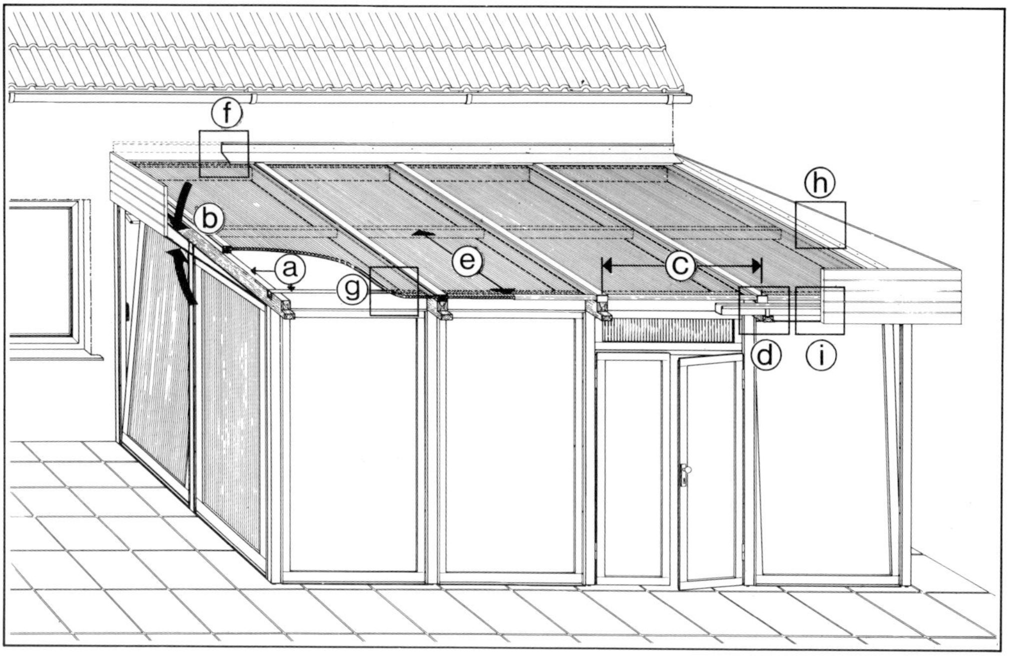

73 Ein Wintergarten, aus Aluminiumprofilen und Plexiglas gebaut. Nähere Einzelheiten entnehmen Sie bitte den Bildern 74 bis 83.

lem, absolut verwindungssteif, weil die in den einzelnen Holzbrettern auftretenden Kräfte sich gegenseitig aufheben.

Leimbinder sind teurer als Vollhölzer. Sie bieten allerdings den großen Vorteil, sich ohne Risiko verarbeiten zu lassen. Wenn man bedenkt, wieviel Geld Sie in Ihr Projekt Wintergarten investieren wollen, werden Sie wahrscheinlich auf »Nummer Sicher« gehen und den Mehrpreis von Leimbindern in Kauf nehmen.

Rahmenbauteile aus Stahl

Konstruktive Teile aus Stahlguß oder Stahlprofilen sind uns hauptsächlich aus der frühen Zeit des Wintergartenbaus bekannt. Das Material hat den Vorteil, bei geringsten Abmessungen ein Maximum an Tragfähigkeit zu bieten. Die Sonnenstrahlung erhält also breiteren Zutritt, wenn filigrane Stahlprofile zum Einsatz gelangen.

Der größte Nachteil dieses Materials ist allerdings die Unbeständigkeit gegen korrosive Einflüsse. Stahl muß allseitig gegen Rost geschützt werden, sei dies durch eine Kombination aus Rostschutz- und Lackfarben oder durch Verzinkung.

Stahl verfügt über gute Wärmeleitfähigkeit. Das bedeutet, daß Stahlprofile immer thermisch entkoppelt werden müs-

sen, will man nicht permanente Schwitzwasserbildung in Kauf nehmen.
Besonders der letzte Punkt läßt klar erscheinen, daß die Verarbeitung von Stahl im Wintergartenbau keine Angelegenheit für Heimwerker ist. Es sei denn, sie sind mit entsprechenden Profi-Werkzeugen ausgerüstet und haben ausreichende Stahlbaukenntnisse.

Profile aus Aluminium

Diese in immer größerer Vielfalt hergestellten Profile bieten auch dem Heimwerker ein reiches Betätigungsfeld. Sie sind mit gängigen Werkzeugen (außer Schweißen) zu bearbeiten, das Material ist weich und homogen. Mit der größte Vorteil von Aluminium dürfte die hohe Korrisionsbeständigkeit sein. Ein frischer Sägeschnitt in Aluminium oxydiert in kürzester Zeit und ist auch von aggressiven Substanzen nicht mehr angreifbar.
Der Werkstoff Aluminium braucht also keinen äußeren Schutz, was nicht heißen muß, daß er ihn nicht bekommen kann: Aluminium läßt sich hervorragend eloxieren oder mit Farbpulvern beschichten und damit optisch sehr vielseitig gestalten.
Für Heimwerker, die oft als »Einzelkämpfer« werkeln, ist das Gewicht eines Materials wichtig. Aluminium bietet auch in dieser Frage angenehme Eigenschaften, denn es ist sehr leicht und damit einfach zu handhaben. Durch geringes Eigengewicht und hohe mechanische Beständigkeit läßt sich mit großen Spannweiten arbeiten. Dies wiederum

74 Hier und in den folgenden Zeichnungen werden Details von vorgefertigten Aluminium-Profilsystemen vorgestellt. 1 Stegdoppelplatte, 3 Abdeckprofil, 4 Plattenabschlußprofil, 6 Endstück.

75 1 Stegdoppelplatte, 2 Auflager, 3 Deckprofil, 5 Plattenabschluß, 7 Deckblech.

76 1 Stegdoppelplatte, 4 Plattenabschluß, 8 Auflager an der Traufseite.

77 1 Stegdoppelplatte, 2a Randsparrenprofil, 3 Deckprofil, 9 Attika, 10 Befestigungswinkel.

78 1 Stegdoppelplatte, 3 Deckprofil, 4 Plattenabschluß, 6 Endstück, 9 Attika, 11 Dachrinne, 12 Silikonfuge, 13 Tropfkante.

79 1 Stegdoppelplatte, 14 Balken, 18 Glasleiste, 19 Dichtungsstreifen, 21 Glasleiste, 22 Haltewinkel, 23 Halteprofil, 24 Grundplatte.

80 Möglicher Aufbau eines holzgerahmten Lüfterflügels. 1 Stegdoppelplatte, 14 Balken, 15 ausgerundetes Holzprofil, 16 Anschlagsleiste, 17 Dichtungsband, 18 Öffnungswinkel, 19 Dichtung, 20 Winkelblech.

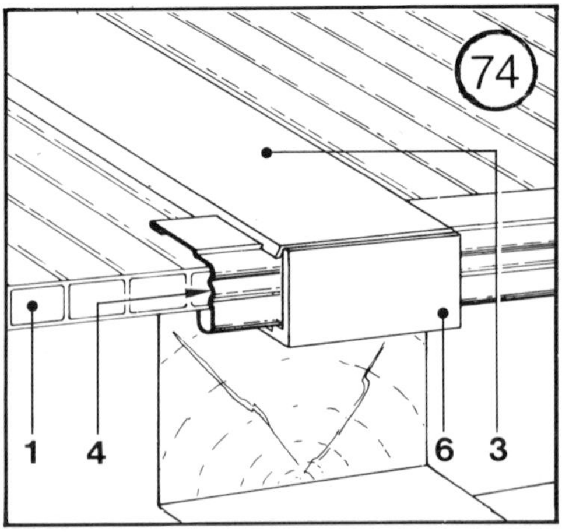

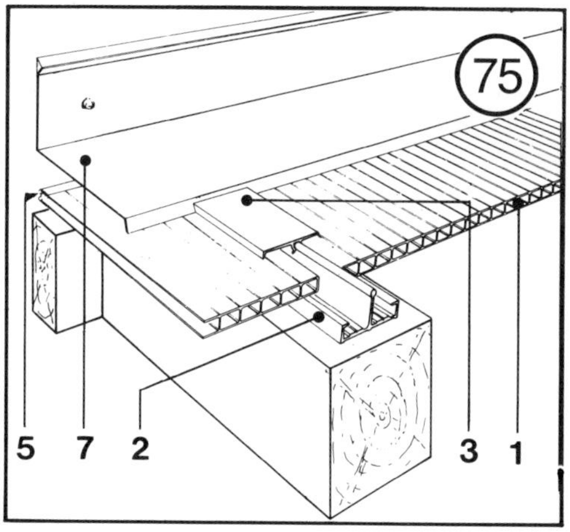
75
5
7
2
3
1

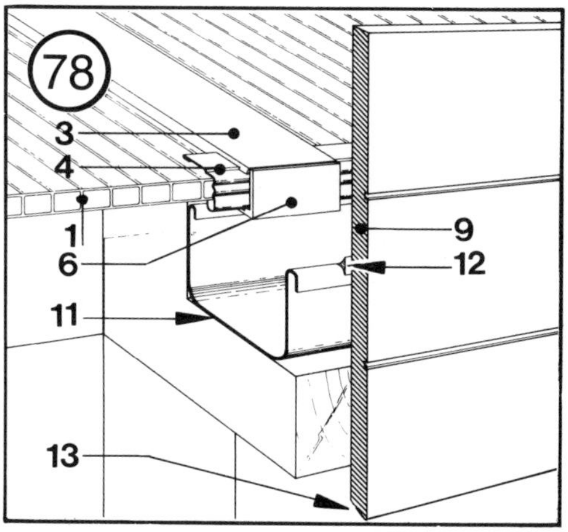
78
3
4
1
6
9
12
11
13

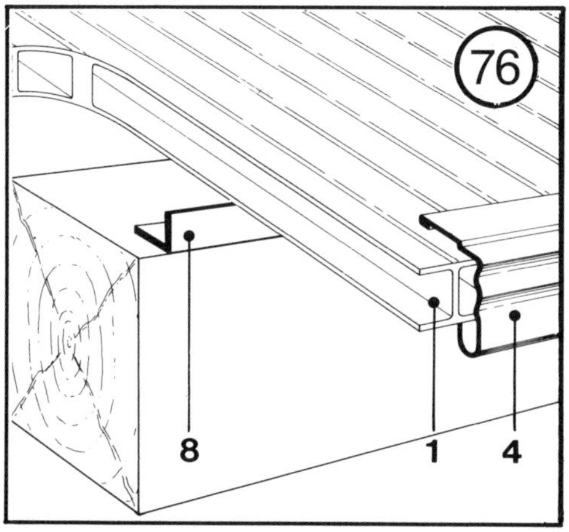
76
8
1
4

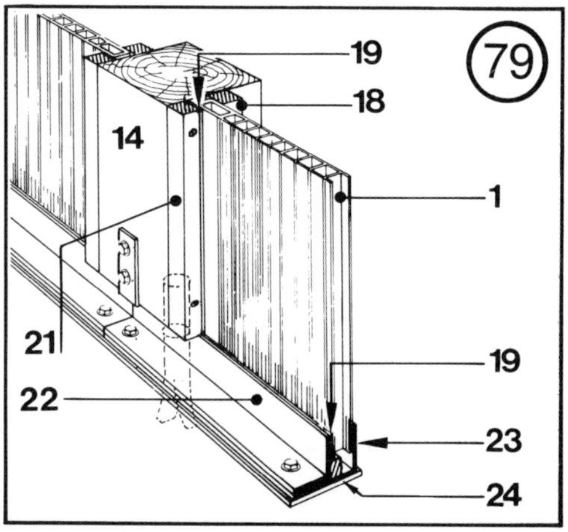
79
19
18
14
1
21
19
22
23
24

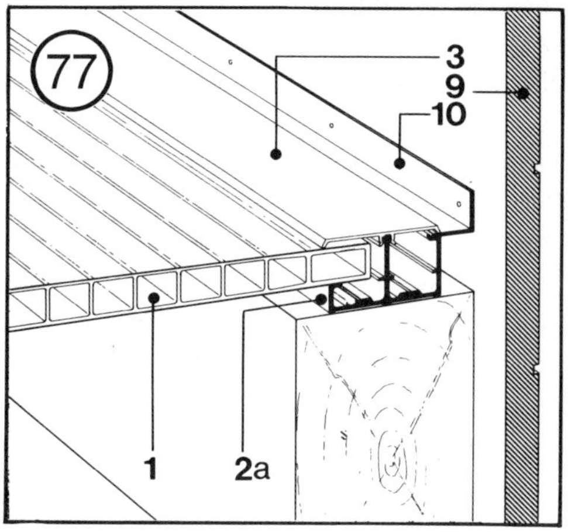
77
3
9
10
1
2a

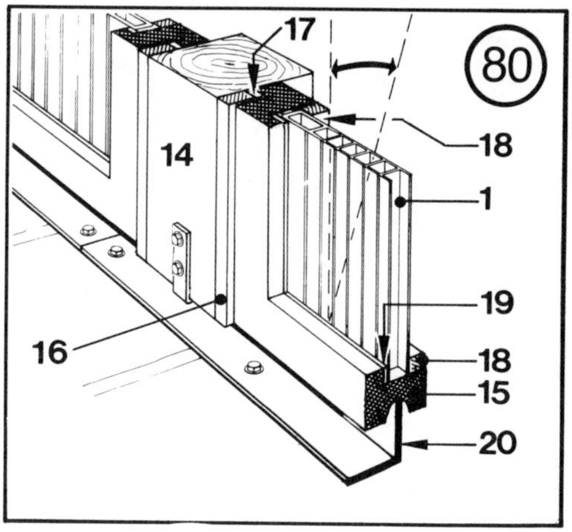
17
80
18
14
1
19
16
18
15
20

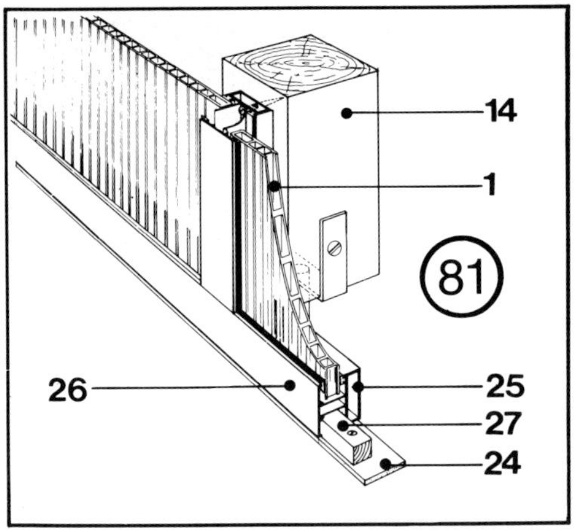

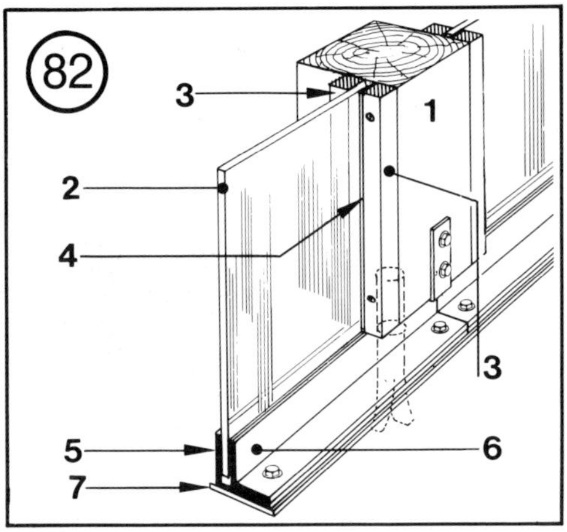

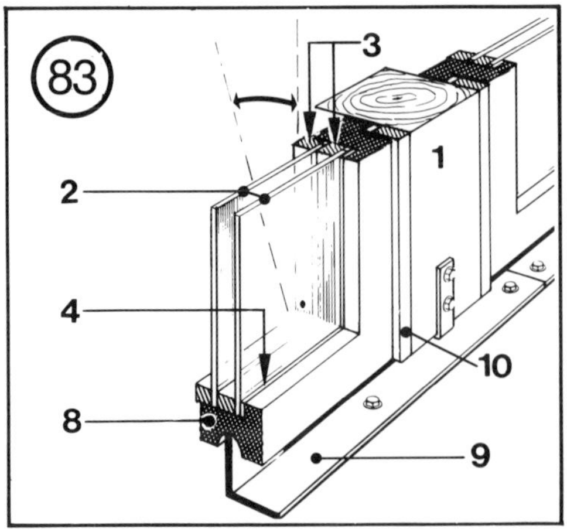

81 Komplettes Profilsystem faßt Stegdoppelplatten vor (außen) einem Stützbalken.

82 Einfachscheiben sind in Alu-Leisten gefaßt.

83 Lüftungsfenster mit zwei hintereinandergesetzten Einfachscheiben.

wirkt kostensenkend und zeitsparend.

Da Aluminium ein hervorragender Strom- und damit Wärmeleiter ist, ist es, genau wie beim Stahlbau, erforderlich, die Profile thermisch zu trennen. Das Außenprofil darf mit dem Innenrahmen nicht in leitender Verbindung stehen, sonst gibt es, auch bei noch so guter Verglasung, Schwitzwasserprobleme an der Innenseite. Diese nicht unbedingt zwingende, aber sinnvolle Notwendigkeit ist für den Bauherrn ein Problem, der den Rahmen seines Glashauses aus »Stangenware« fertigen möchte. Die im Handel erhältlichen Halbzeuge wie Winkel, T-Träger und diverse Profile sind nicht zwangsläufig für diesen Zweck hergestellt. Die thermische Trennung wird im Regelfall mit tragfähigen Kunststoffteilen erreicht, die Innen- und Außenträger nichtleitend voneinander trennen.

Leichter wird sich der Bauherr tun, der auf fertig für den Glashausbau konfektionierte Profile zurückgreift, wie sie eine wachsende Zahl von Firmen anbietet. Diese Profile haben sich ursprünglich aus dem Gewächshausbau entwickelt und wurden in den vergangenen

84 Das Dach mit Stegdoppelplatten ist nicht voll durchsichtig. Die Sonnenstrahlung wirkt dadurch diffuser und gleichmäßiger über die Dachfläche verteilt.

Jahren immer mehr den gestiegenen Anforderungen des Wintergartens angepaßt.

Viele professionell im Wintergartenbau tätige Firmen arbeiten bevorzugt mit dem Werkstoff Aluminium. Einer der Gründe ist, daß Glasscheiben ohne Kitt, nur mit Kunststoff-Dichtungsprofilen in Aluminiumrahmen einsetzbar sind. Auch eignet sich Aluminium hervorragend als Trägerprofil, wenn es um sehr vielgestaltige Wintergärten geht.

85 Harmonischer Anbau aus Glas und Holz, der fast die ganze Längsseite einnimmt und den Lebensraum in kleinen Häusern erheblich erweitert.

Für den Heimwerker ist das Material verwendbar, solange einfache, geradlinige Bauten entstehen sollen. Zu große Formenvielfalt im Zusammenhang mit diesem Werkstoff könnten allerdings ins heimwerkerliche Chaos führen.

Kunststoffprofile

Teile aus Kunststoff haben sich schon viele Anwendungsgebiete erobert. Der hauptsächliche Vorteil liegt im geringen Gewicht, der hohen Elastizität bei gleichzeitiger Formstabilität und in der weitgehenden Witterungsbeständigkeit. Da Kunststoffe nicht leitfähig sind, bieten sie außerdem Wärmedämmung, setzt man sie als Wintergartenprofil ein. Abgesehen davon, daß dem Verfasser derzeit keine frei auf dem Markt käuflichen Kunststoffprofilsysteme bekannt sind, muß er bei diesem Baustoff Bedenken geltend machen.
In der verwandten Domäne des Fenster- und Türenbaus hat sich das Material hervorragend bewährt. Wie aber sehen die Einsatzbedingungen im Wintergarten aus? Anders und schwieriger behaupte ich. Kunststoffe werden durch

86 So großräumig können Empfangshallen von Firmen wirken.

Wärmeeinwirkung ge- und verformt. Geht man davon aus, daß ein Wintergarten, beispielsweise wegen urlaubsbedingter Abwesenheit der Hausbesitzer, nicht den normalen Erfordernissen nach »bedient« wird, können dort ganz erkleckliche Temperaturen auftreten. Die Folge: das Material wird sich stark dehnen. Diese (meist nur zeitlich und räumlichk begrenzte) Ausdehnung ist abhängig von der Farbe des Kunststoffs und davon, wie ideal der Auftreffswinkel der Sonnenstrahlen das Material belastet.
Dieser Baustoff ist für den Heimwerker meiner Meinung nach problematisch, weshalb an dieser Stelle nicht weiter darauf eingegangen wird.
Anders verhält es sich, wenn Anbieter von Komplett-Systemen ein Kunststoffprofil als Serienprodukt offerieren. Man kann davon ausgehen, daß diese Bausätze genügend geprüft sind, was sich auch in einer entsprechenden Herstellergarantie niederschlagen dürfte.

Glas

Der durchsichtige Baustoff Glas kann sehr natürlicher Herkunft oder ein Produkt der Retorte sein. Gemeint ist das seit Jahrhunderten bekannte Fensterglas (heute als Kristallspiegelglas tituliert) oder in Scheiben gegossenes Polymethylmethacrylat, besser bekannt als Acrylglas oder unter dem Markennamen Plexiglas.

In jedem Fall ist Glas der beherrschende Baustoff am Wintergarten. Alle anderen Bauteile sind im wesentlichen nur dazu erforderlich, die Glastafeln am richtigen Ort sicher festzuhalten. Die Funktion des Glashauses wird durch das Glas erst ermöglicht und, je nach verwendetem Glas, den Wünschen der Bewohner nach geprägt. Über die Funktion, was Schalldämmung, Lichtdurchlässigkeit und so weiter betrifft, wurde bereits im Kapitel »Funktion des Wintergartens« Grundlegendes erläutert und soll hier nicht wiederholt werden.

Grundsätzlich gibt es bei Herstellern von Glashäusern zwei Gruppen: die der Kristallglas-Anhänger und die der Acrylglas-Verfechter. Gemäß der schlichten menschlichen Erfahrung, daß nie die eine Sache allein richtig und die andere nur grundfalsch sein kann, versucht der Verfasser nachstehend, Eigenschaften beider Glastypen aufzuzeigen und, soweit als erforderlich angesehen, Vor- und Nachteile zu skizzieren.

Silikat- oder Kristallglas

Das seit langer Zeit gebräuchliche Fensterglas hat im Laufe des letzten, energiegebeutelten Jahrzehnts Änderungen erfahren. Weniger betrifft dies die chemische Zusammensetzung, als die Anordnung und Beschichtung der Scheiben. Heute liefert die Industrie schon Fensterscheiben, die den Isolationswert einer massiven, gedämmten Mauer erreichen.

Glas ist auch im Wintergarten ein dominierendes Element. Inwieweit es Ihr Portemonnaie beansprucht, hängt von den Anforderungen ab.

Zunächst einmal eine Begriffserklärung:

Kristallspiegelglas ist normales, einscheibiges Silikatglas ohne jegliche Zusätze.

Einscheiben-Sicherheitsglas ist ein vom Hersteller vorgespanntes einscheibiges Glas, das eine hohe Elastizität und Durchbiegefähigkeit aufweist. Unter allen Gläsern verträgt es die höchsten Temperaturdifferenzen, je nach Dicke von 40 bis 250 Grad Celsius. Dieses Glas ist vorgeschrieben, wenn Glas im sogenannten absturzgefährdeten Bereich unterhalb einer Brüstungshöhe von 90 cm (über Fußboden) verbaut wird.

Beim Bruch zerfällt Einscheiben-Sicherheitsglas in lauter kleine Krümel. Es ist nicht zu empfehlen, dieses Glas in größeren Höhen als Dachverglasung zu verwenden, da diese Krümel Nester bilden können und damit geballt niedergehen. Ein Brancheninsider formuliert es so: »Krümel hin – Krümel her, ein Kilo Glas bleibt ein Kilo Glas!«

Verbundscheiben – Sicherheitsglas besteht aus zwei oder mehreren per Klebefolie verbundenen Glasscheiben. Die Folie bindet im Fall eines Bruches alle Splitter und verhindert den Absturz.

87 Die interessante architektonische Lösung bringt Energieeinsparung und besseren Blick ins Freie.

88 Auch öffentliche Gebäude und große Wohnanlagen gewinnen mit derart verglasten Eingangszonen.

89 Klein –, aber oho! Die Fassade wirkt nicht mehr eintönig und jedes Zimmer hat sein kleines Wintergärtlein.

Drahtglas ist ein sehr robustes, begrenzt bruchsicheres Glas. Die eingeschlossenen Drähte halten die Glassplitter auch im Falle eines Bruches fest. Der Einbruchsschutz gegenüber normalem Glas ist wesentlich besser. Es verträgt aber nur geringste Temperaturdifferenzen, da der Stahldraht ein anderes Ausdehnungsverhalten als das Glas hat. Es ist stark abzuraten, Drahtglas als Dachdeckung über breiten Holzbalken einzusetzen. Bei schnellen Wetterwechseln oder hoher Aufheizung im Luftraum zwischen Glas und Balken wäre Glasbruch die unweigerliche Folge, da es durch die Armierung auch in keiner Weise elastisch ist.

Beschichtetes Glas. Die als Wärmeschutzgläser im Markt befindlichen Scheiben wurden vom Hersteller mit hauchfeinen Metalloxyd- oder Edelmetallauflagen verbessert. Dieser Aufwand bringt den Käufern hervorragende Isolierwerte von bis zu 1,3 W/m2 x K (Fabrikat Thermoplus der Flachglas AG in Gelsenkirchen). Natürlich hat Qualität ihren Preis, und der Einsatz dieser edlen Scheiben im Wintergarten ist mehr als alles andere eine Geldfrage. Ein kleiner Trost: die beschichteten Gläser lassen auch ein bißchen weniger Sonne ins Glashaus hinein, was natürlich dem beträchtlichen Energiespareffekt keinen Abbruch tut.

Gußglas wird auch Nörpelglas genannt. Seinen Namen hat es von der einseitig rauhen, unebenen Oberfläche. Damit wird eine diffusere Verteilung des durchtretenden Lichts erreicht und dient – im normalen Wohnungsbau – dem Sichtschutz.

Isolierglas wird gebildet aus zwei Scheiben, die in einem Abstand von mindestens vier Millimetern, besser jedoch 8 bis 20 mm, um ein Hohlrahmenprofil montiert sind. In die Profile wird werksseitig Trockenmittel eingefüllt. Das als Abstandshalter dienende Profil wird außen mit einer dampfdiffusionsdichten Kautschukmasse von Scheibe zu Scheibe verschlossen. Gleichzeitig wird dem Zwischenraum Luft entzogen oder ein Spezialgas eingefüllt. Durch diese Vorkehrungen wird im Scheibenzwischenraum ein theoretischer Taupunkt von – 70 Grad Celsius erzielt, ein Wert, der erschaudern läßt. Es ist somit gewährleistet, daß die beiden Innenseiten der Scheiben nicht mehr anlaufen können.

Was ist »anlaufen?« Die Temperatur, bei der Luftfeuchtigkeit zu kondensieren beginnt und als dünner, tropfenförmiger Niederschlag auf der Scheibenoberfläche sichtbar wird, nennt man Taupunkt. Dieser Übergang vom gas- zum tropfenförmigen Zustand der Luftfeuchtigkeit entsteht durch Abkühlung der Raumluft, die nun die 100 Prozent übersteigende (relative) Feuchtigkeitsmenge auf kälteren Umgebungsflächen als tropfenförmigen Niederschlag ausscheidet. Je besser der k-Wert eines Isolierglases ist, desto tiefer liegt der Taupunkt und damit die zulässige Raumtemperatur.

UV-Durchlässigkeit ist bei normalen Gläsern nicht gegeben. Hierzu bedarf es spezieller Quarzgläser.

Wie sollte eine Isolier-Dachverglasung aussehen?

Sie besteht aus einer oberen (äußeren) und einer unteren (inneren) Scheibe.

90 Von der Dimension her ist es ein Blumenfenster, aber der Solargewinn ist unzweifelhaft, insbesondere, wenn mit hochwertig beschichtetem Glas ausgefacht wird.

Die obere sollte aus Normalglas oder, besser noch, Einscheiben-Sicherheitsglas und die untere aus Verbundscheiben-Sicherheitsglas bestehen. Bitte beachten Sie dabei, daß Verbundscheiben nur Temperaturdifferenzen von maximal 20 Grad Celsius vertragen. Es ist daher zwingend, auf gute und gleichmäßige Lüftung zu achten.

Glasstatik. Die statischen Verhältnisse sollten immer nach den jeweiligen Schneelastgebieten berechnet werden. Statik wird bei Glas groß geschrieben; wird es doch um so schwerer, je besser es isoliert. Von der Statik und den Kosten her wäre es wünschenswert, möglichst große Scheiben zu installieren. Dem setzen allerdings mehrere Gründe praktische und finanzielle Grenzen. Einerseits müssen die enormen Gewichte großer Scheiben sicher transportiert, gesetzt und verankert werden, zum anderen hat die Glasversicherung große Scheiben gar nicht gern und verlangt entsprechend hohe Prämien. Mehr kleinere Scheiben sind zwar in der Anschaffung und Montage etwas teuerer, aber leichter und sicherer zu handhaben, und die Versicherungskosten halten sich im Rahmen. Unter dem Strich gerechnet sind Normmaß-Scheiben auf jeden Fall günstiger als große Idealabmessungen.

Bearbeitung von Glas. Einzelscheiben sind mit einem Diamantschneider (als

Tabelle 4: Wärmedämmwerte von Glas

Rechenwerte der Wärmedurchgangskoeffizienten für Verglasungen (k_v) (nach DIN 4108 Teil 4 – Wärmeschutz im Hochbau)		
Zeile	Beschreibung der Verglasung	Verglasung [1]) k_v W/(m² · K)
1 Unter Verwendung von Normalglas		
1.1	Einfachverglasung	5,8
1.2	Isolierglas mit $\geq$ 6 bis $\leq$ 8 mm Luftzwischenraum	3,4
1.3	Isolierglas mit > 8 bis $\leq$ 10 mm Luftzwischenraum	3,2
1.4	Isolierglas mit > 10 bis $\leq$ 16 mm Luftzwischenraum	3,0
1.5	Isolierglas mit zweimal $\geq$ 6 bis $\leq$ 8 mm Luftzwischenraum	2,4
1.6	Isolierglas mit zweimal > 8 bis $\leq$ 10 mm Luftzwischenraum	2,2
1.7	Isolierglas mit zweimal > 10 bis $\leq$ 16 mm Luftzwischenraum	2,1
1.8	Doppelverlasung mit 20 bis 100 mm Scheibenabstand	2,8
1.9	Doppelverglasung aus Einfachglas und Isolierglas (Luftzwischenraum 10 bis 16 mm) mit 20 bis 100 mm Scheibenabstand	2,0
1.10	Doppelverglasung aus zwei Isolierglaseinheiten (Luftzwischenraum 10 bis 16 mm) mit 20 mm Scheibenabstand	1,4

Glasschneider im Fachhandel erhältlich) anzuritzen und über eine saubere Kante zu brechen. Isoliergläser können vom Heimwerker weder hergestellt noch bearbeitet werden. Es gibt sie in vielerlei Normmaßen, auch lassen sich beliebige Sondermaße anfertigen.

Einfache Wandverglasung. Eine nicht optimale, aber sehr einfache und preiswerte Lösung für eine Wandverglasung ist es, zwei Einzelscheiben hintereinander einzubauen. Jede Scheibe ist einzeln gefaßt, aber nicht völlig abgedichtet. Der Grund: dem Heimwerker ist es nicht möglich, einen absolut dauertrokkenen Scheibenzwischenraum zu schaffen. An den Gläsern wird also mit Sicherheit Kondenswasser auftreten. Diese Feuchtigkeit muß die Möglichkeit haben, schnell wieder ins Freie zu entweichen. Dieser Scheibenaufbau erreicht ähnliche Isolierwerte wie das wieder aktuell gewordene Kastenfenster, dem er technisch ähnelt.

91 Ausführungsmöglichkeit eines Halteprofils. Die Stegdoppelplatte im Bild rechts wird richtig gehaltert, die linke Platte allerdings nicht. Es empfiehlt sich grundsätzlich, Stegdoppelplatten an den Außenkanten nicht zu beschneiden.

92 Die Abschlußleiste erfüllt zwei Aufgaben: Ableiten des unter Umständen anfallenden Wassers aus den Kammern und Schutz der Kammern vor Insekten.

Plexiglas

Das unter diesem Warenzeichen von der Röhm GmbH in Darmstadt hergestellte und vertriebene Kunstglas ist einer der vielseitigsten Werkstoffe für Heimwerker. Abgesehen vom Haupteinsatzgebiet des Fensterbaus dienen Halbzeuge aus Plexiglas noch zu vielen anderen Zwecken bis hin zum Möbelbau.

Aus chemotechnischer Sicht ist Polymethylmethacryl eine Verbindung auf der Basis von Erdgas, das mit einigen anderen chemischen Verbindungen über den Weg der Polymerisation gebildet wird. Es hat von allen Werkstoffen die geringste Eigenfarbe und darf daher als das durchsichtigste Material bezeichnet werden.

Lieferformen (im Zusammenhang mit dem Wintergartenbau),

Tabelle 5: Wärmedämmwerte von Acrylglas

k-Werte für PLEXIGLAS-, MAKROLON- und MAKROLON longlife-Platten

Plattendicke mm		Luftzwischenraum mm	k-Wert W/m^2 K
Einfachplatten			
3			5,4
4			5,3
5			5,1
6			5,0
8			4,7
10			4,5
12			4,3
15			4,0
20			3,7
Doppelplatten			
4	4	8	2,9
4	4	12	2,8
4	4	16	2,7
4	4	20	2,7
4	4	40	2,6
20	10	10	2,1
Stegdoppelplatten (1 Kammer)			
PLEXIGLAS SDP 16			2,9*
MAKROLON SDP 16			2,8*
MAKROLON SDP 16 leicht			2,8*
MAKROLON SDP longlife 4,5			3,9*
MAKROLON SDP longlife 6			3,6*
MAKROLON SDP longlife 8			3,3*
MAKROLON SDP longlife 10			3,1*
Stegdreifachplatten (2 Kammern)			
PLEXIGLAS S3P 16			2,4*
PLEXIGLAS S3P 32			1,9*
MAKROLON S3P 16 leicht			2,4*
MAKROLON S3P longlife 10			2,8*

*amtlich gemessene Werte

- ☐ gegossene Platten von 1,5 bis 25 mm Stärke,
- ☐ Stegdoppelplatten, zwei Scheiben, die durch Abstandsstege voneinander getrennt sind,
- ☐ Stegdreifachplatten, drei Scheiben, die durch zwei Stegkammern voneinander getrennt sind. Diese Ausführung gewährleistet eine recht gute Wärmedämmung.

Alle vorstehend beschriebenen Lieferformen sind klar durchsichtig, milchigweiß oder braun getönt lieferbar.

Die Platten sind in gleicher Form unter dem Markennamen »Makrolon« (eingetragenes Markenzeichen der Bayer AG) erhältlich. Makrolon ist ein besonders schlagzäher Kunststoff mit ähnlichen Eigenschaften wie Plexiglas, erreicht jedoch nicht dessen Lebensdauer.

Materialeigenschaften. Plexiglas behält auch im langjährigen Einsatz seine Lichtdurchlässigkeit und vergilbt nicht. Der Transmissionsgrad von Einzelscheiben erreicht beachtliche 92 Prozent. Das bedeutet, daß nur 8 Prozent der einfallenden Lichtmenge von der Scheibe reflektiert beziehungsweise absorbiert werden. Bei Stegdoppelplatten beträgt dieser Wert immerhin noch etwa 86 Prozent, bei Stegdreifachplatten respektable 81 Prozent. Im Laufe einer zehnjährigen Alterung verschlechtern sich diese Transmissionsgrade um maximal 2,5 Prozent. Das Material bleibt während dieser Zeit gleichbleibend steif und versprödet nicht.

Diese Daten gestatten es dem Hersteller, Ihnen eine zehnjährige Garantie auf das Material Plexiglas zu gewähren.

Alle Kunststoffscheiben dehnen sich unter Wärmeeinwirkung aus. Als Richtwert gilt 5 mm Dehnungsfreiraum pro lfdm Platte in beiden Richtungen. Es ist sehr wichtig, beim Verlegen und Befestigen dieses Ausdehnungsverhalten zu berücksichtigen, indem man genügend Spielraum für die Materialdehnung beläßt.

Beispiel: Wenn eine Platte von 2 Metern an den Kanten befestigt ist, so müssen nach links und nach rechts beziehungsweise nach oben und nach unten je 5 mm Spiel gegeben werden, das heißt, das Loch muß mit einem Durchmesser von Schraubendicke + 5 mm gebohrt werden. Bei Befestigungen im Abstand von 1 Meter müssen die Löcher 2,5 mm größer als die Schraubendurchmesser gebohrt werden. Die Schrauben dürfen nur so fest angezogen werden, daß sich die Platte bewegen kann. Weiter empfiehlt sich, das Schraubengewinde mit einem dünnen Kunststoffschlauch zu überziehen, damit die Kanten des Gewindes die Platten nicht beschädigen.

Alle Plexiglasscheiben und erst recht Makrolonscheiben sind unempfindlich gegen Fuß-, Hand- und Tennisballwürfe. Diese Materialzähigkeit macht Einbrechern ihr »Handwerk« wesentlich schwerer, da es enormer Kraftanstrengung bedarf, bis Acrylglas bricht.

Empfindlicher ist Plexiglas gegenüber Feuereinwirkung. Es entspricht nur der Brandklasse B2 für normalentflammbare Baustoffe.

Für Freunde winterlichen Sonnenbräunens ist die UV-aktive Plexiglasscheibe mit der Bezeichnung xt 24370 FF (xt ist das Kürzel für extrudierter Kunststoff) genau das Richtige. Sie läßt auch UV-Strahlen in den Wintergarten hinein (siehe Bild 94). Alle klar durchsichtigen Stegdoppel- und -dreifachplatten erfüllen diese Anforderung in gleicher Weise. Nicht durchlässig für UV-Strahlen ist das milchig-weiß und braun eingefärbte Material. Im allgemeinen bringt die UV-Strahlung im Wintergarten nur Vorteile für Mensch und Pflanze. Es soll aber nicht verschwiegen werden, daß Ultraviolettstrahlung leider die Eigen-

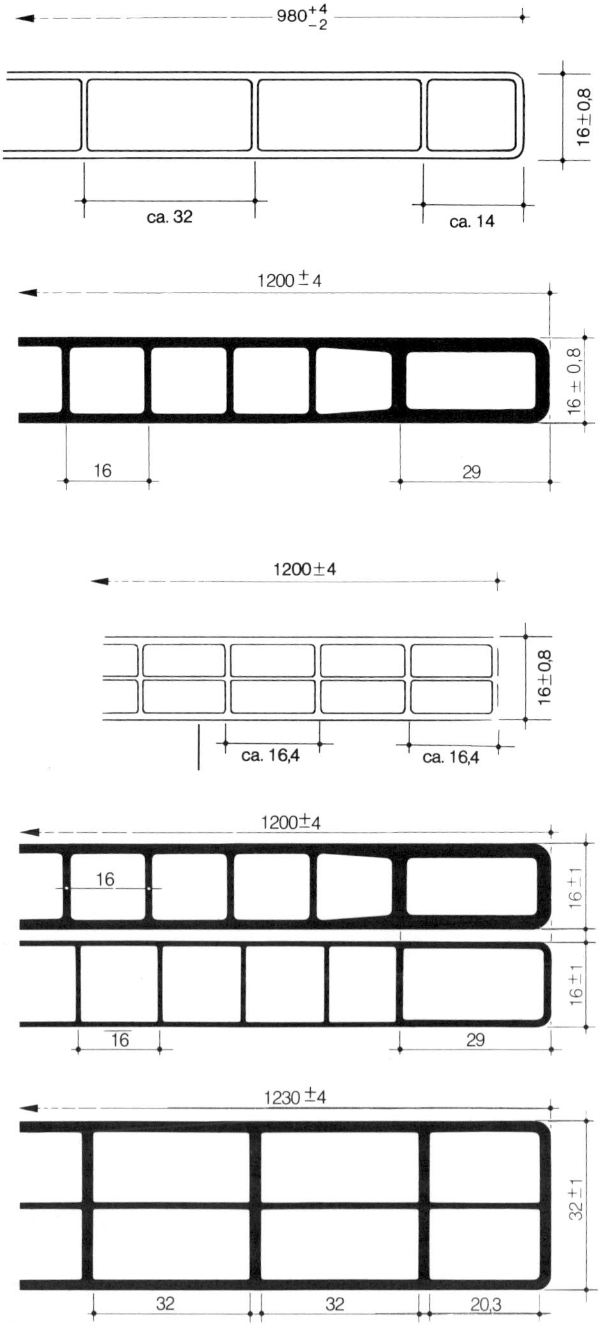
980 +4 −2
16±0,8
ca. 32
ca. 14
1200 ± 4
16 ± 0,8
16
29
1200±4
16±0,8
ca. 16,4
ca. 16,4
1200±4
16
16 ± 1
16 ± 1
16
29
1230 ±4
32 ± 1
32
32
20,3

93

93 Stegdoppelplatte
® Plexiglas sdp 16/980 mm,
Lieferlängen: 3000, 3500, 4000, 5000, 6000 mm, Überlängen auf Anfrage.
Brandverhalten: Normal entflammbar nach DIN 4102.
Die Stirnseiten der Stegdoppelplatten müssen gegen Kantenbeflammung geschützt sein.
Stegdoppelplatte
® Plexiglas sdp 16 mm,
Lieferlängen: 2000 – 6000 mm gemäß gültigem Lieferprogramm, Überlängen auf Anfrage.
Brandverhalten: Normal entflammbar nach DIN 4102.
Die Stirnseiten der Stegdoppelplatten müssen gegen Kantenbeflammung geschützt sein.
Stegdreifachplatte
® Plexiglas s3p 16 mm,
Lieferlängen: 3000 – 6000 mm gemäß gültigem Lieferprogramm, Überlängen auf Anfrage.
Brandverhalten: Normal entflammbar nach DIN 4102.
Die Stirnseiten der Stegdoppelplatten müssen gegen Kantenbeflammung geschützt sein.
Stegdoppelplatte
® Makrolon sdp 16 mm, ® Makrolon sdp 16 mm leicht,
Lieferlängen: 2000, 2500, 3000, 3500, 4000, 5000, 6000 mm, Überlängen auf Anfrage.
Brandverhalten: Normal entflammbar B2 nach DIN 4102.
Stegdreifachplatte
® Plexiglas s3p 32 mm,
Lieferlängen: 2000 – 6000 mm gemäß gültigem Lieferprogramm, größere Längen und Toleranzen auf Anfrage.
Brandverhalten: Normal entflammbar B2 nach DIN 4102.
Die Stirnseiten der Plexiglas S3P 32 müssen gegen Kantenbeflammung geschützt werden.

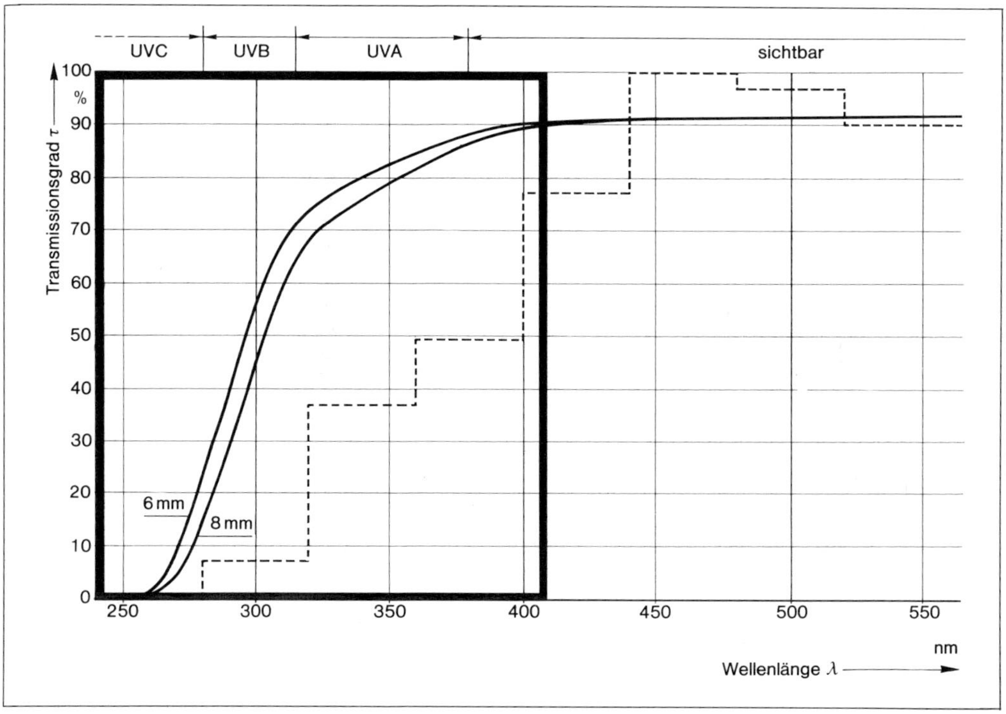

94 Plexiglas läßt Spektralanteile von ultraviolettem Licht durch.

schaft besitzt, Farben in Möbeln, Teppichen, Bildern und anderen Gegenständen auszubleichen. Dies sollte bei der Planung berücksichtigt werden.

Nur wenigen ist bekannt, daß Plexiglas Wasserdampf diffundieren läßt. Dies sollte aus zwei Gründen beachtet werden:

1 der Kunststoff dehnt sich bei vollständiger Wasseraufnahme um bis zu 0,4 Prozent in der Länge aus.

2 Werden Stegplatten als Schrägdachverglasung eingesetzt oder aufrecht stehend mit senkrecht angeordneten Stegen, kondensieren in den Hohlräumen geringe Wassermengen, die nach unten abfließen. Die Öffnungen der Stegplatten sind immer offen zu halten. Nur ein Insektenschutz in Form einer vom Plattenhersteller zu beziehenden Abschlußleiste ist zu empfehlen.

Es ist nicht praktikabel, Stegplatten waagerecht stehend ohne Gefälle anzubringen, da das eventuell anfallende Kondenswasser dann nicht abfließen kann und im Laufe der Jahre unter günstigen Bedingungen zur Algenbildung führt.

Der Hersteller Röhm bietet in seinem Programm diverse Befestigungsbauteile an, als Profilset, Universal-Klemmset oder Thermo-Profilsprosse bezeichnet. Diese kompletten Befestigungssysteme sind laut Hersteller nur bedingt geeignet für die Montage auf Vollholzbalken, für alle anderen Untergründe jedoch zugelassen.

Bearbeitung

Plexiglas sollte bei jeglicher Bearbeitung (die wichtigsten Hinweise finden Sie in Tabelle 6 und Bild 96) an der Schnitt- oder Bohrkante maximal hand-

---

*95 **Thermo-Profilsprosse 16.** Wärmegedämmte Profilsprosse für vertikale und horizontale Isolierverglasungen mit Stegdoppelplatten PLEXIGLAS SDP 16 und MAKROLON SDP 16 und mit Stegdreifachplatten PLEXIGLAS S3P 16 und MAKROLON S3P 16.*
Packungsinhalt (jeweils 1 Bund): 10 x 6 m Aluprofilschiene/Thermosprosse 16 ①, 20 x 3 m Kunststoffdistanzleiste/Thermosprosse 16 ②, 120 lfm Dichtung/Thermosprosse 16 ③, zusätzlich erhältlich:
10 x 6 m Kunststoff-Randprofil/Thermosprosse 16 ④. Alu-Abschlußwinkel:
Universal-Klemmset. Verbindungs- und Befestigungselement für alle Stegdoppelplatten PLEXIGLAS SDP und MAKROLON SDP und alle Stegdreifachplatten PLEXIGLAS S3P und MAKROLON S3P von 4,5 bis 40 mm sowie für alle flachen PLEXIGLAS- und MAKROLON-Platten ab 4 mm Dicke. Packungsinhalt (jeweils 1 Bund): 10 x 6 m Alu-Klemmleiste/Klemmset ①, 120 lfm Rippendichtung/Profilset 16 ②, 60 lfm Dichtband/Klemmset ③.
***Alu-Profilset 16.** Alu-Profilsystem für vertikale Isolierverglasungen mit Stegdoppelplatten PLEXIGLAS SDP 16 und MAKROLON SDP 16 und Stegdreifachplatten PLEXIGLAS S3P 16 und MAKROLON S3P 16.*
Packungsinhalt (jeweils 1 Bund):
10 x 6 m Kastenprofil/Profilset 16 ①,
10 x 6 m Deckleiste/Profilset 16 ②,
120 lfm Keildichtung/Profilset ③,
120 lfm Rippendichtung/Profilset 16 ④,
im Karton (inkl. 200 Schrauben):
50 Stück Eckverbinder/Profilset 16 ⑤.

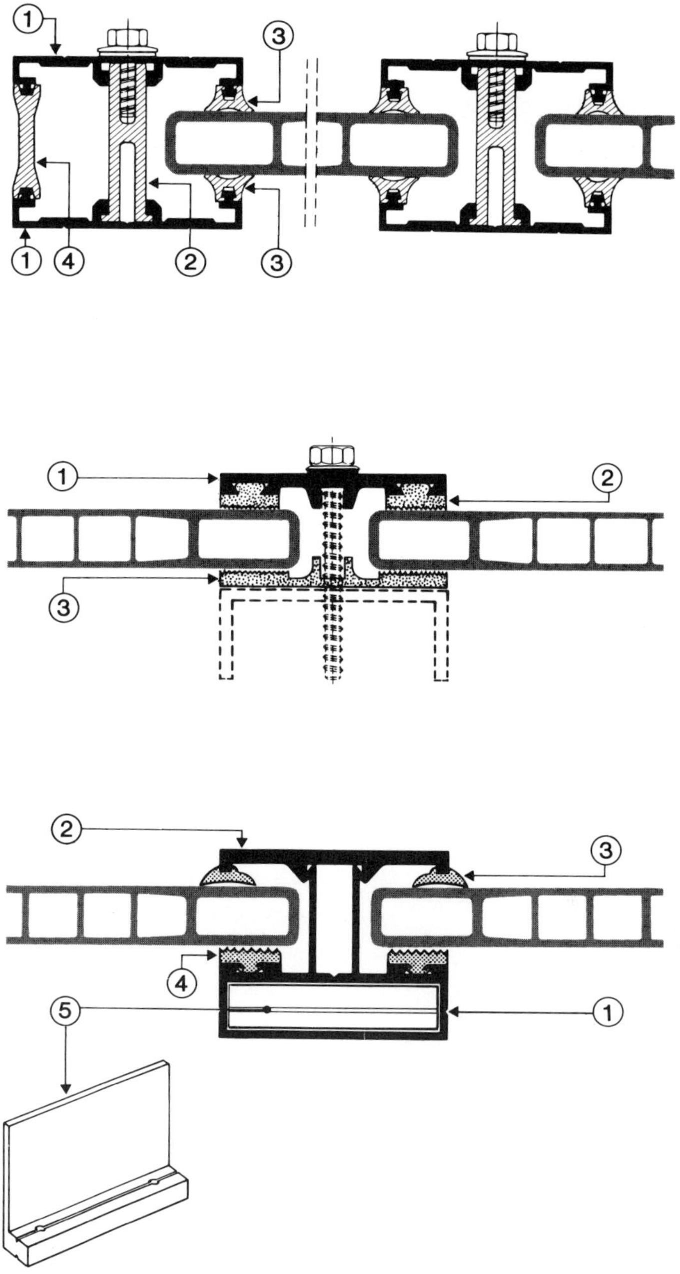

95

Tabelle 6: Bearbeiten von Plexiglas

Trennwerkzeuge

Geeignet sind:
A Tischkreissägen
B Handkreissägen
C Stichsägen
D Laubsägen, Bügelsägen
E Ritzmesser

zu A
und B: nur ungeschränkte Sägeblätter verwenden:
sofern Hartmetall-Sägeblätter eingesetzt werden, verwendet man ein sogenanntes Vielzahnblatt. Bei SS- oder HSS-Kreissägeblättern sollte das Verhältnis Durchmesser zu Anzahl der Zähne etwa 1:0,7 bis 1:1 betragen. Immer gut geschliffene Sägeblätter verwenden, mit denen dann nur PLEXIGLAS gesägt werden sollte.

zu C: Sägeblätter von Stichsägen und kleinen Bügelsägen sind im allgemeinen geschränkt, daher nicht so gute Schnittkante (Ausbrüche!)
- gut geschliffene Sägeblätter verwenden
- durch Hubzahl- und Vorschubveränderungen die richtigen Schnittbedingungen ermitteln.

Sägen

mit Hand- und Tischkreissägen:

- Sägeblatt sollte nur knapp über die Platte herausragen
- mit Anschlag arbeiten (wenn möglich)
- Platten mit laufender Säge vorsichtig ansägen
- auf exakte Schnittführung achten und nicht verkanten
- Material so fixieren, daß es nicht flattern kann
- mit mittlerem Vorschub sägen
- Material ab 3 mm Dicke mit Wasser oder Bohremulsion kühlen

mit Stichsägen:

- nur mit eingeschalteter Maschine an das Werkstück herangehen
- Sägeschuh fest auf PLEXIGLAS oder MAKROLON aufsetzen (Schutzpapier, Folie)
- hohe Schnittgeschwindigkeit einstellen
- mittleren Vorschub wählen
- ab 3 mm Materialstärke mit Wasser oder Bohremulsion kühlen

mit Laubsägen und kleinen Bügelsägen:

- Laubsägen »schaffen« noch Platten bis ca. 4 mm Stärke.

Ritzbrechen

- möglich nur bei Platten aus PLEXIGLAS GS und PLEXIGLAS XT mit ca. 6 mm Dicke und ca. 500 mm Länge
- Werkstück mehrmals ritzen (Dicke in mm = Zahl der Ritzungen)
- Messer mit Schneide ähnlich wie auf der Zeichnung verwenden
- Werkstück über eine Kante brechen (Handschuhe benutzen)
- gebrochene Kanten, die verklebt werden sollen, müssen auf einer planen Unterlage rechtwinklig geschliffen werden.

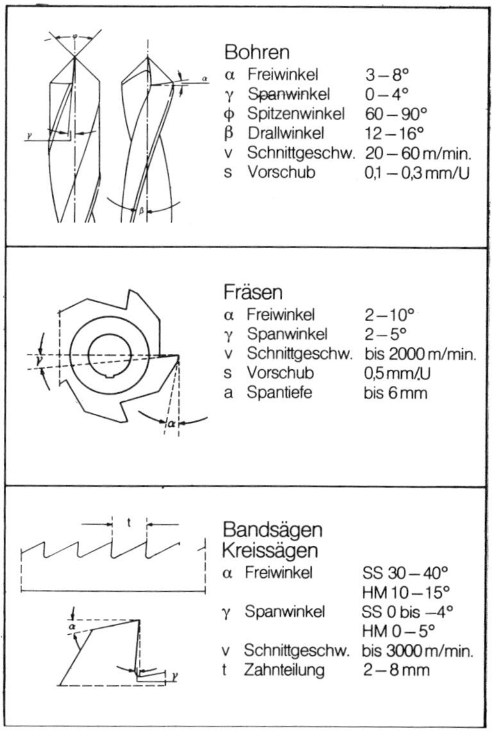

96 Werkzeughinweise für die Bearbeitung von Plexiglas.

warm werden, soll es nicht zu Wärmespannungen im Material kommen.

Wer Plexiglas verformen möchte, muß zwei Dinge wissen: Gegossenes Plexiglas (Scheibenware) ist thermoelastisch. Es läßt sich verformen, wenn es auf 150 bis 180 Grad Celsius erwärmt wird. Dies kann im häuslichen Backofen oder mit Infrarotstrahlern geschehen. Das Material muß allerdings fixiert werden, da es sonst annähernd die frühere Form wieder annimmt.

Stegplatten sind extrudiert und zeigen thermoplastisches Verhalten. Die Platten behalten nach dem Aufheizen die erwünschte Form.

Reinigen von Plexiglas

Plexiglas hat eine sehr glatte Oberfläche und reinigt sich in aller Regel problemlos selbst, wenn Regen die Scheiben wäscht. Muß allerdings einmal nachgeholfen werden, gilt es, aufzupassen. Das Material darf unter gar keinen Umständen trocken abgewischt werden. Die mikroskopisch kleinen Schmutzteilchen würden die Scheibe nachhaltig verkratzen. Auch sind nicht alle chemischen Substanzen und Reinigungsmittel unkritisch. Der Hersteller empfiehlt schlicht »viel Wasser mit Schwamm« und läßt auch alle handelsüblichen Kunststoffreiniger zum Gebrauch zu. Verlangen Sie von Ihrem Plexiglas-Lieferanten die Liste, aus der für mehrere hundert Haushaltschemikalien die Unbedenklichkeit hervorgeht, um keine unangenehmen Überraschungen zu erleben.

Welches Glasmaterial gehört wohin?

Dieser Gretchenfrage würde ich mich zwar gern entziehen, bin Ihnen aber wohl doch eine Antwort schuldig.

Im Dachbereich eines Wintergartens ist jedes Kilogramm Gewicht mehr schon ein Kilogramm zuviel. Deshalb und aus Gründen der leichteren Bearbeitbarkeit würde ich im Dachbereich Plexiglas-,

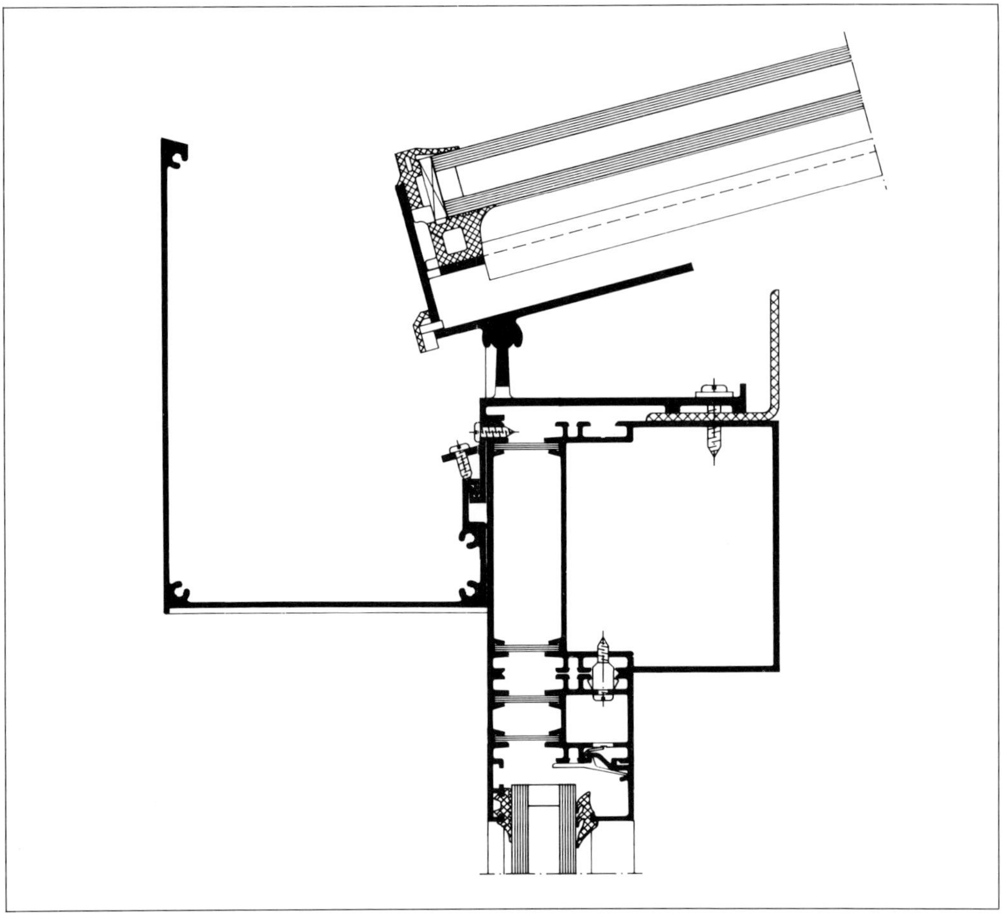

97 Die Profilsysteme werden immer aufwendiger und durchdachter. Hier ein thermisch getrenntes Aluminiumprofil, das von der Firma Schüco vertrieben wird.

Stegdoppel- oder -dreifachplatten vorziehen. Bei der senkrechten Verglasung kann das Silikatglas den Pluspunkt verbuchen, von der Reinigung her unbedenklicher zu sein. Wird allerdings eine UV-durchlässige Verglasung gefordert, bleibt nur die Verwendung von Plexiglas.

Dies ist meine rein persönliche Meinung. Sie erhebt keinen Anspruch auf Objektivität, da die Materialwahl erfahrungsgemäß eine sehr geschmacksabhängige Entscheidung ist, worin auch finanzielle Überlegungen eine Rolle spielen.

Vorgehensweise beim Selbstbau

Jetzt ist es soweit! Sie haben lange und hoffentlich erfolgreich geplant und stehen mit dem Spaten in der Hand auf Ihrem Grundstück, zu Taten bereit. Bevor Sie nun im »Eifer des Gefechts« wild entschlossen zu graben beginnen, greifen Sie bitte zu Holzpfählen, Schnur und Zollstock.

Es gilt, die Außenabmessungen des späteren Glasanbaues festzulegen. Die Maße A und B entsprechen der von Ihnen gewünschten Länge und Breite des Wintergartens. Das Diagonalmaß C dient nur dazu, die Rechtwinkligkeit Ihrer Vermessung zu bestätigen.

Beispiel: Die beiden gleichlangen Schenkel eines rechtwinkligen Dreiecks sind jeweils einen Meter lang. Das Maß

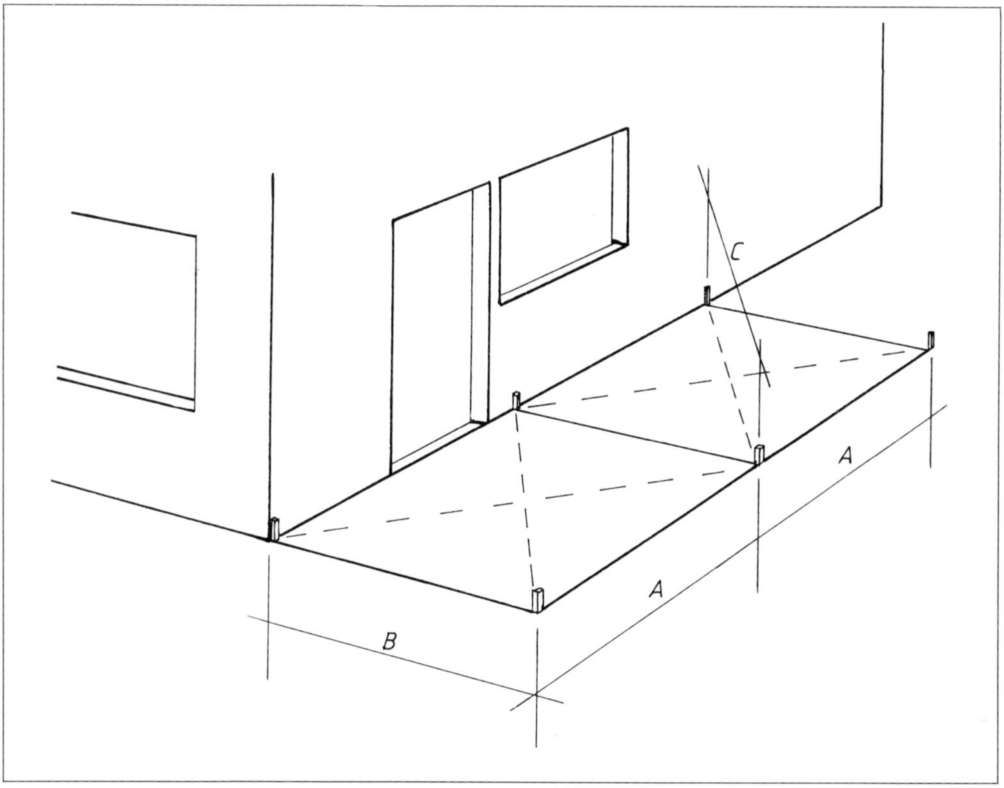

98 Der vorgesehene Standort wird vermessen.

99 Jetzt heißt es schaufeln.

zwischen beiden Schenkelenden muß 1,41 Meter betragen, dann ist der Winkel rechtwinklig. Genau arbeitende Heimwerker markieren die gemessenen Eckpunkte mit Holzpfählen und verbinden diese mit einer straff gespannten Mauerschnur. Die Ausdehnung des projektierten Anbaus kann man nun schon erahnen.

Innerhalb dieser Schnurbegrenzung kann die Humusschicht mit dem Spaten sauber abgestochen werden. Ist der Grabenverlauf ersichtlich, wird die Schnur nicht mehr benötigt. Es genügt, den Fundamentgraben in Spatenbreite 80 cm tief auszuheben. Bevor Sie beginnen, Stampfbeton in den offenen Graben einzufüllen, empfiehlt sich die Überlegung, ob der spätere Fußbodenbelag im Wintergarten wärmegedämmt werden soll oder nicht. Auch im Zweifelsfall empfehle ich, an der Innenseite des Fundamentgrabens (die zur Hauswand gelegene Seite) Styrodurplatten anzubringen. Der spätere Innenbereich ist damit bereits wärmegedämmt. Diese steifen Platten sind gleichzeitig als Betonschalung nütze. Der Beton, der je

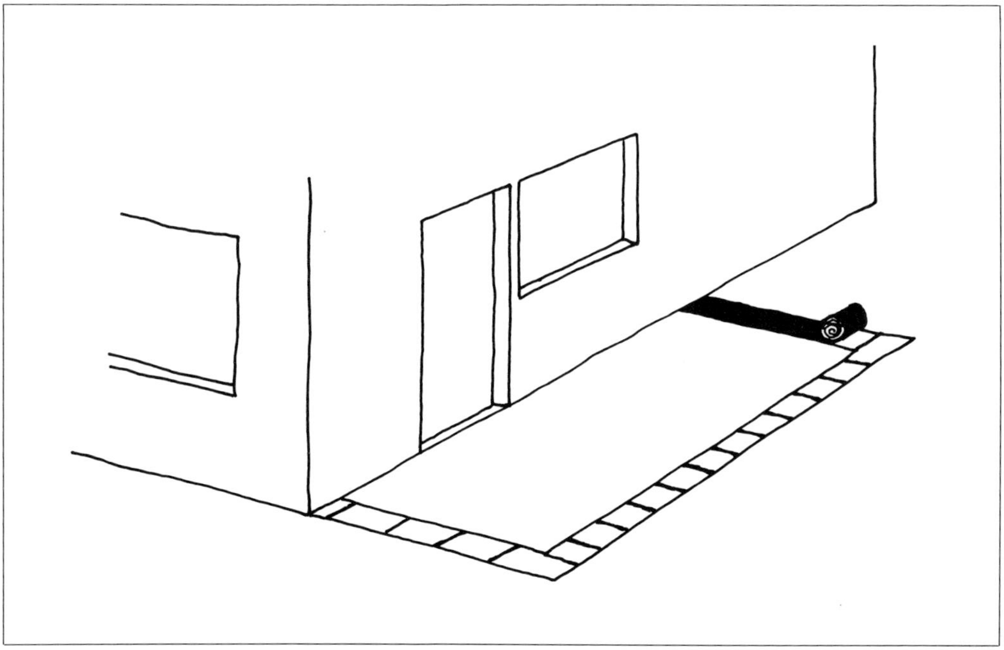

100 Das Fundament wird eingebracht und mit Dachpappe abgedeckt.

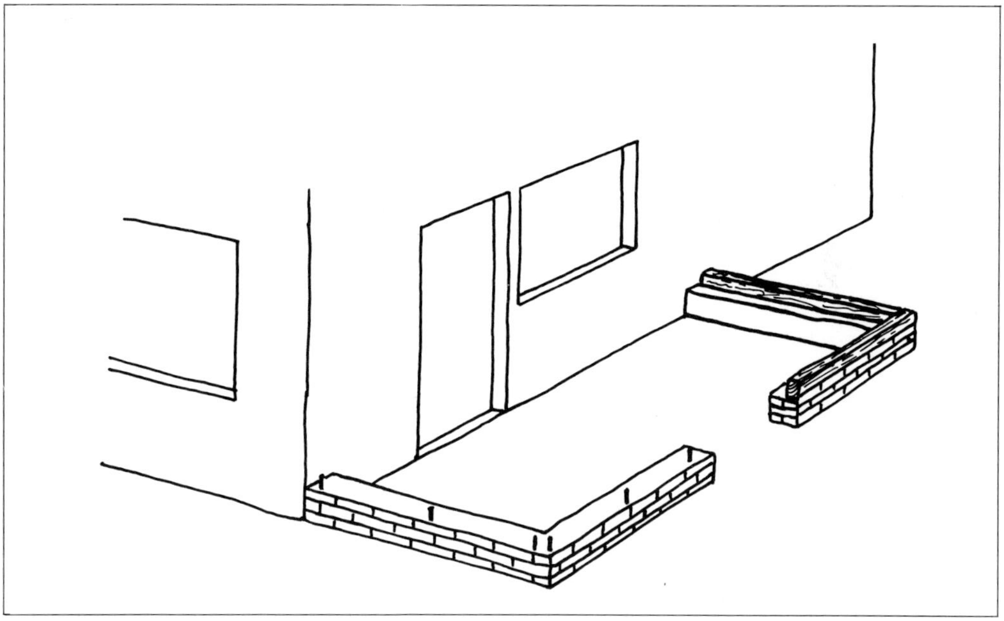

101 Die Mauer steht.

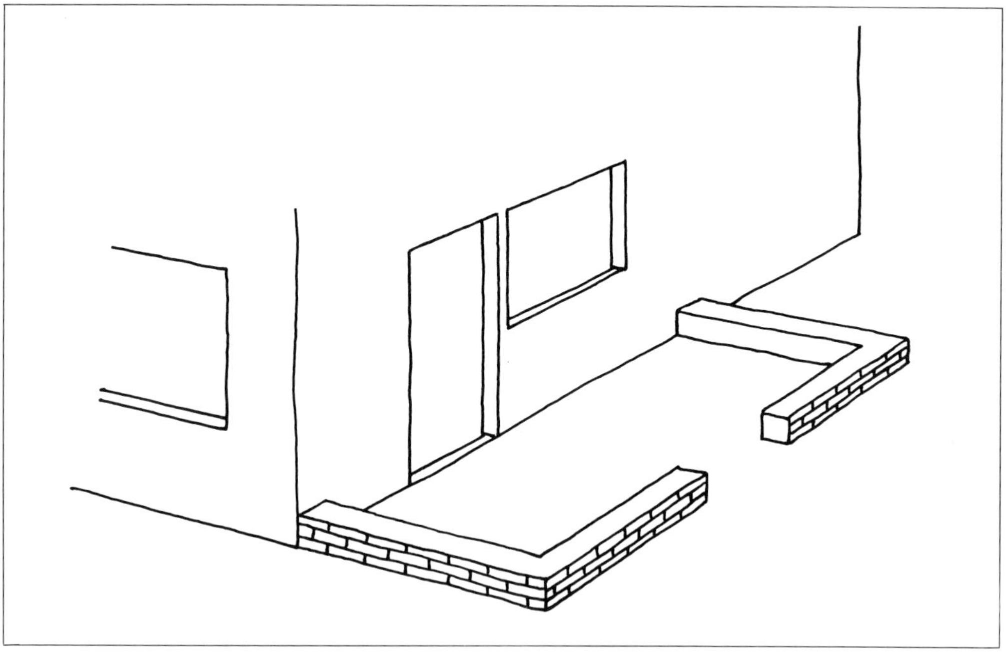

102 Die Schwell- oder Fußhölzer werden befestigt.

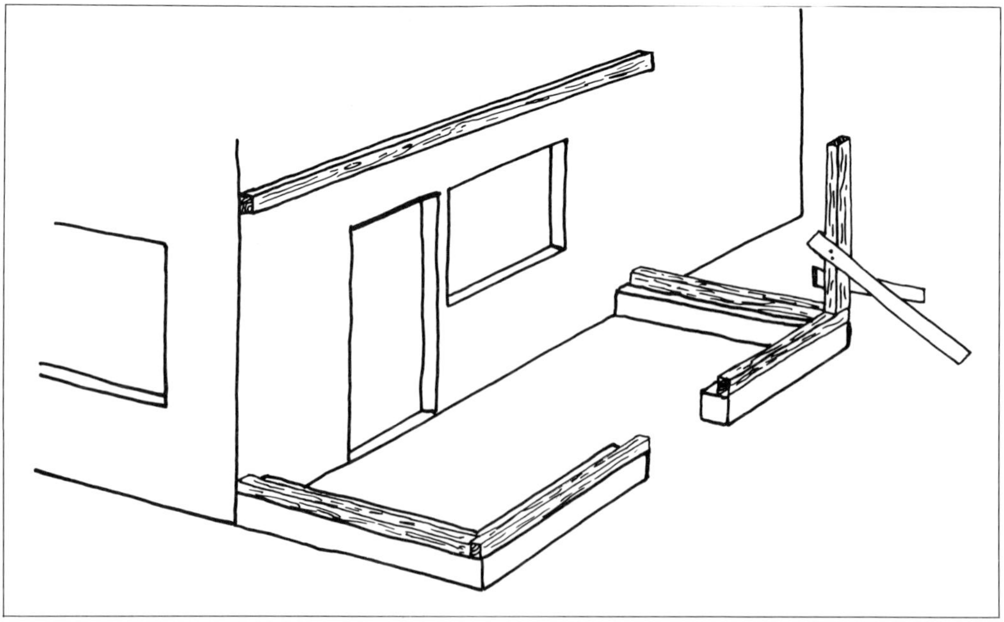

103 Mit einem Helfer klappt es ganz bestimmt. Der erste Stützbalken wird aufgestellt.

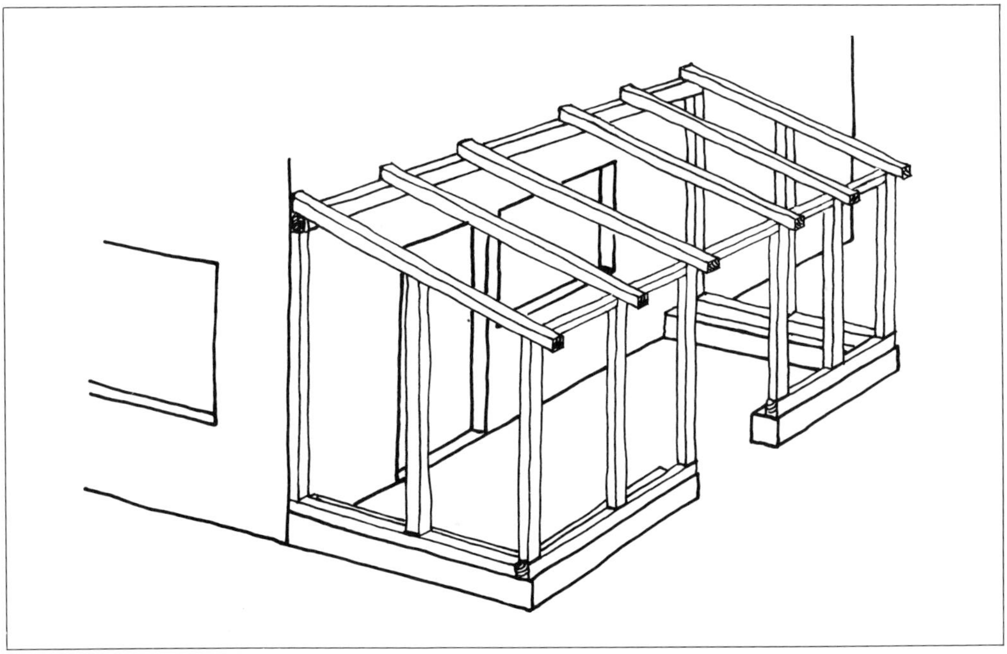

104 Der Holzrohbau.

nach Fundamentgröße mit einigen 6-mm-Baustählen versteift wird, ist bis zur Oberkante des Grabens einzufüllen und festzustampfen. Der Fundamentbau kann selbstverständlich auch mit anderen Materialien, wie zum Beispiel Kalksandstein, bewerkstelligt werden.

Über dem Fundament muß eine Feuchtigkeitssperre in Form von Dachpappe verlegt werden. Die Meinungen sind geteilt, ob diese Sperre direkt zwischen Fundament und erster Steinlage oder besser zwischen erster und zweiter Steinlage angebracht wird.

Meine Meinung ist: Wenn zu befürchten ist, daß sich – bedingt durch Gegebenheiten Ihres Grundstücks – bei starken Regenfällen Wassser an der Wintergartenmauer stauen könnte, ist die hochliegende Dichtung besser. Entfällt diese Gefahr, ist die Dichtungsbahn direkt auf dem Fundament aufzubringen.

Auf dieser massiven Grundierung des neuen Bauwerks kann die Mauer entstehen. Es ist nur von Ihrem Geschmack abhängig, welche Baustoffe Sie dazu wählen. Wichtig ist, eine möglichst ebene Oberfläche herzustellen, da darauf später die Rahmenbauteile satt und in der Waage aufsitzen sollen.

Die in Bildern niedergelegte Aufbaureihenfolge geht von der Verwendung von Vollholzbalken aus. Alle Vorgänge gelten natürlich sinngemäß auch für Leimbinder. Die liegenden Rahmenhölzer sind auf der planebenen Mauer auszulegen und dort anzuzeichnen. Sinnvoll ist es, die Balken bereits mittig vorzubohren für die spätere Aufnahme der Schrauben. Es ist unerheblich, ob Sie Stockschrauben ins Mauerwerk setzen, die Balken daraufsetzen und per Mutter sichern oder Holzschrauben von oben durch die Balken in die Mauerwerksdübel drehen.

Als nächster Arbeitsabschnitt ist das Anbringen der am Haus angeschraubten Pfette zu empfehlen. Danach werden die Ständerbalken ausgerichtet und vorläufig mit Brettern vor dem Umfallen gesichert.

Sind alle Ständerbalken aufgestellt und die Traufpfette befestigt, wird das Bauwerk noch einmal vermessen und ausgerichtet. Die letzte Arbeit am Skelett ist das Auflegen der Dachsparren. Solange Sie nicht die exakten (!) Maße der Verglasung zur Verfügung haben, empfiehlt es sich, die Sparren nur provisorisch zu befestigen. Nichts wäre ärgerlicher, als wenn wegen weniger Millimeter Differenz die Sparrenlager wieder geändert werden müßten.

Wintergarten als Balkonunterbau

Die schon bestehende Terrasse ist ein idealer Untergrund für Ihre Wintergarten-Bauaktivitäten, entfällt doch jegliche Fundamentarbeit. Terrassenoberflächen

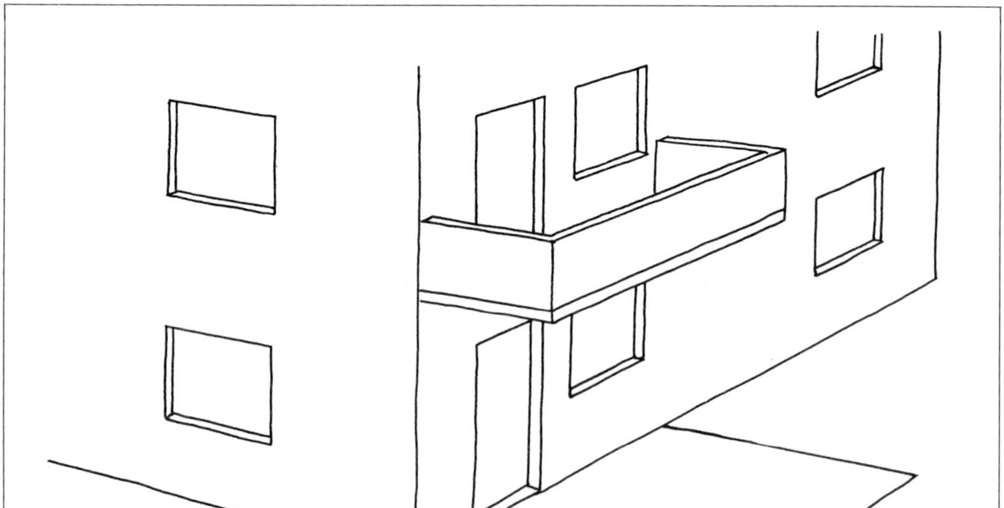

105 Häufig anzutreffen: Haus mit Terrasse und Balkon im ersten Stock.

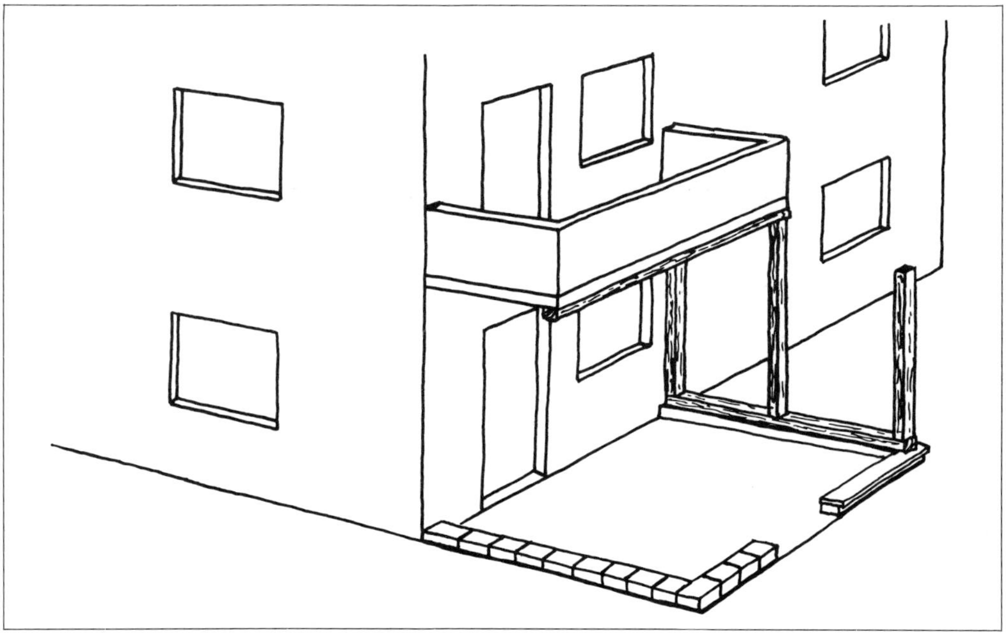

106 Eine oder mehrere Steinschichten sind als Bodenabschluß gedacht. Natürlich geht es auch ohne.

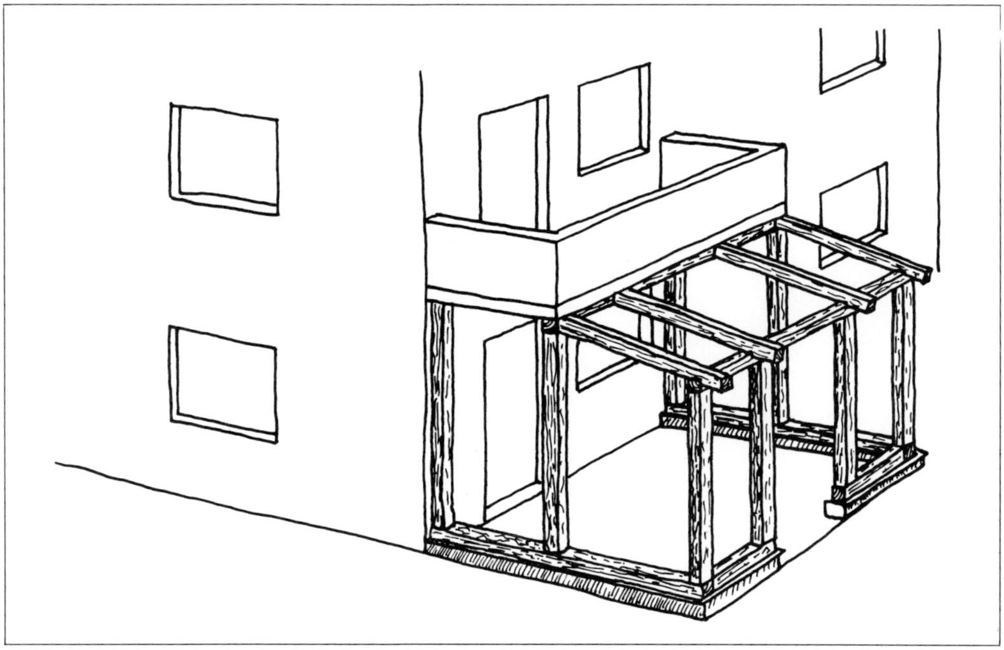

107 Die Holzkonstruktion kann sich sowohl am Haus wie am Balkon abstützen.

sind meist frostsicher verfliest, so daß sich im Regelfall auch die Frage des späteren Bodenbelags nicht stellt.
Auf diesem stabilen Untergrund sollten eine oder nach Belieben mehrere Steinlagen als Mauer gesetzt werden. Die Glasuroberfläche der Fliesen bindet mit Zementmörtel nur unbefriedigend ab. Deshalb sollten zur besseren Verankerung der Mauer im Terrassenboden einige Stahlanker eingelassen werden. Richtwert: alle 0,5 m ein Anker, ausgehend von den Ecken.
Auf dieser Grundlage wird das Gerüst erstellt wie bereits vorstehend beschrieben. Eine wesentliche Abweichung ist jedoch die unterschiedliche Anordnung der Firstpfette. Es besteht die Möglichkeit, sie wie im vorigen Beispiel am Haus zu befestigen. Dann entstünde zwischen Balkon und Dachverglasung ein nicht sinnvoll nutzbares Loch, das zudem noch schlecht zu reinigen wäre. Besser halte ich die Lösung der am Balkon angeschraubten Pfette. Diese Ausführung spart Glas, sieht besser aus und erlaubt entweder größere Höhe des Glasbaus oder stärkere Gefälle der Dachverglasung.

Das Idealgefälle der Dachverglasung sollte mindestens 15 Prozent betragen, notfalls genügen aber auch 8 Prozent. Der Hauptgrund für eine wünschenswerte Mindestdachneigung ist die funktionierende Selbstreinigung des Dachmaterials. Unter den genannten Werten ist sie nicht gegeben.

Das Verarbeiten der am Markt zur Verfügung stehenden Glastypen wurde bereits im letzten Kapitel beschrieben und soll hier nicht wiederholt werden.

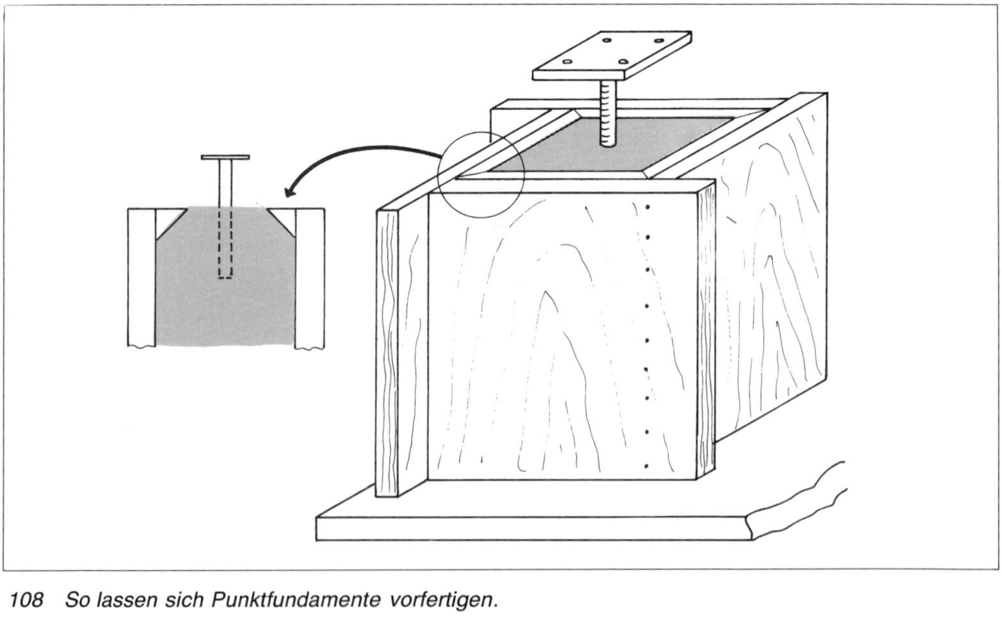

108 So lassen sich Punktfundamente vorfertigen.

Wintergärten ohne Grundmauer

Wer die Mauer nicht mag, sondern das Glas lieber bis zum Erdboden sieht, muß den statischen Aufbau geringfügig ändern. Alle stehenden Rahmenteile bleiben erhalten und richten sich nur nach den Glasmaßen. Geändert werden muß nur die Befestigung im Boden, ob dies nun gewachsener Erdboden oder der Terrassenbelag ist. Es genügt dann beispielsweise, unter den Säulen Punktfundamente zu schaffen und die Säulen per Eisenfuß obenauf zu setzen. Diese Bauweise ist aus dem Pergolabau sicher hinreichend bekannt. Ein wichtiges Merkmal dieser Vorgehensweise muß immer sein, eingesetztes Holz vor Dauernässe zu schützen.

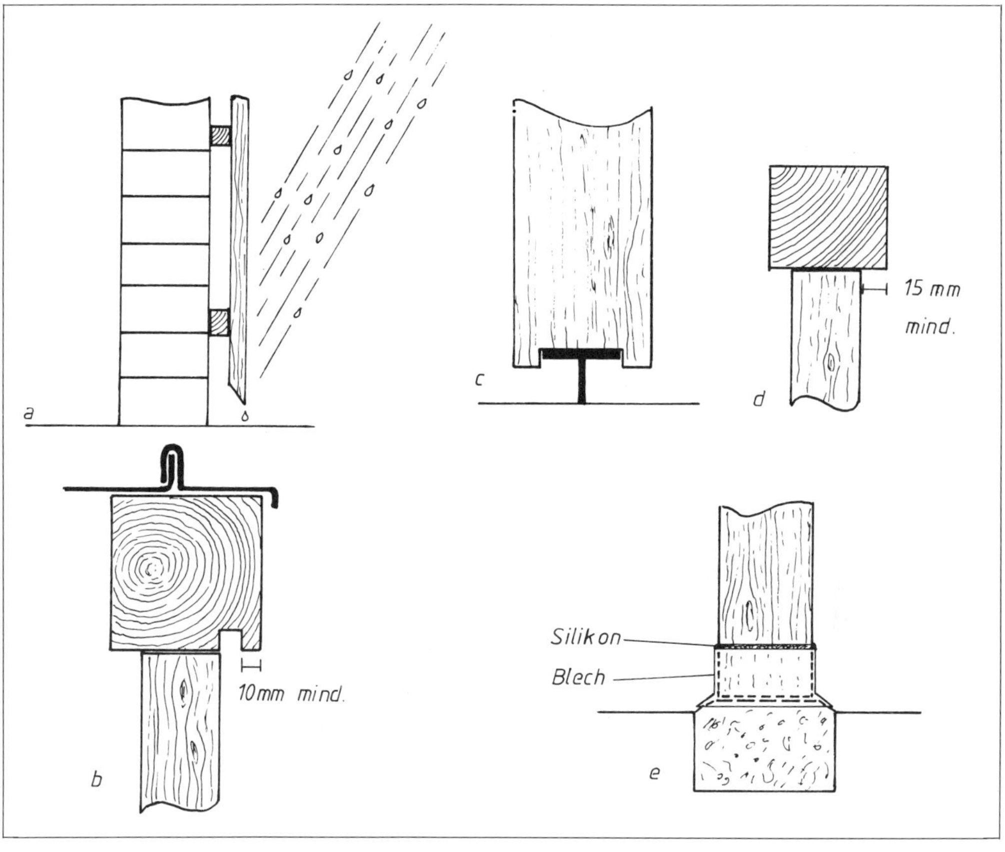

109 Fünf einfache Maßnahmen, Holz auch im bewitterten Bereich lang gesund zu erhalten. a Tropfkante. b Bei waagerechten Balken mindestens 10 mm vom Rand entfernt eine Aussparung einfräsen. c Holz unsichtbar auf eine Stahlplatte stellen. d Ist Lösung b nicht machbar, größeren Abstand vom Rand halten. e Wenn es nicht anders möglich ist, Stützbalken mit Blech umkränzen und mit Silikon abdichten. Wasser muß jedoch unter dem Blech weglaufen können!

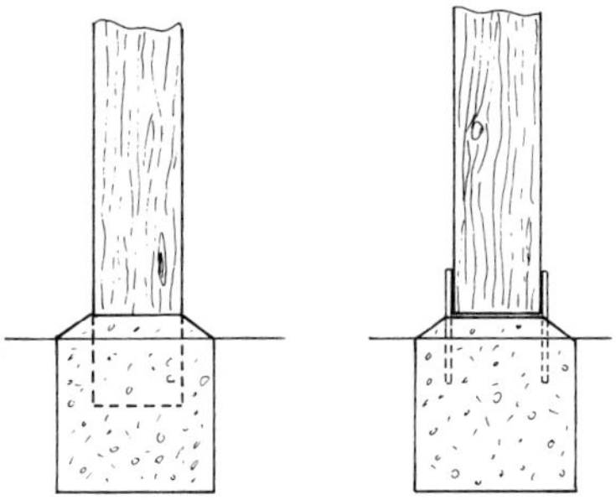

110

113

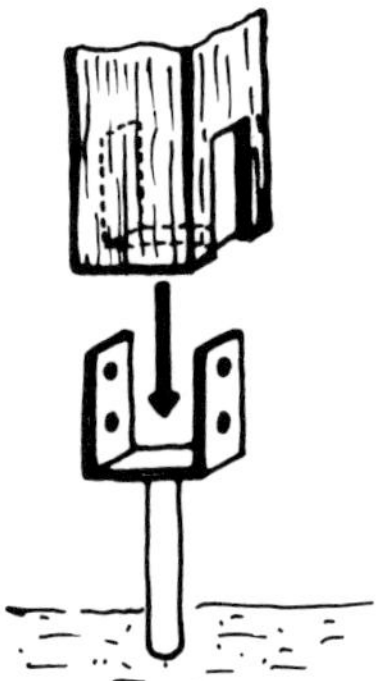

111

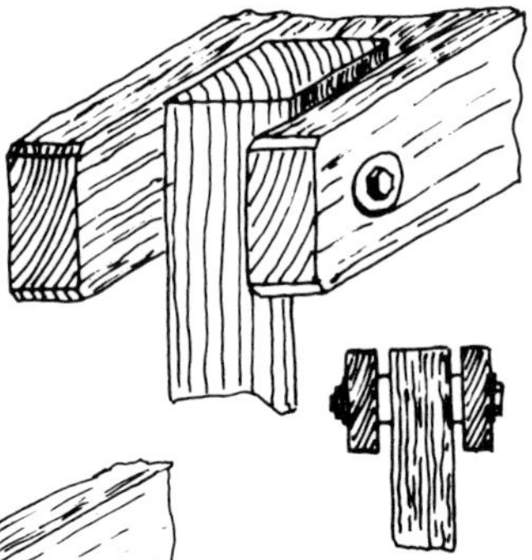

114

115

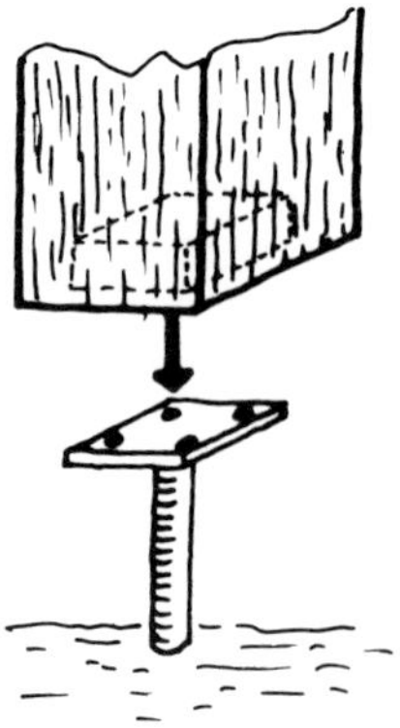

112

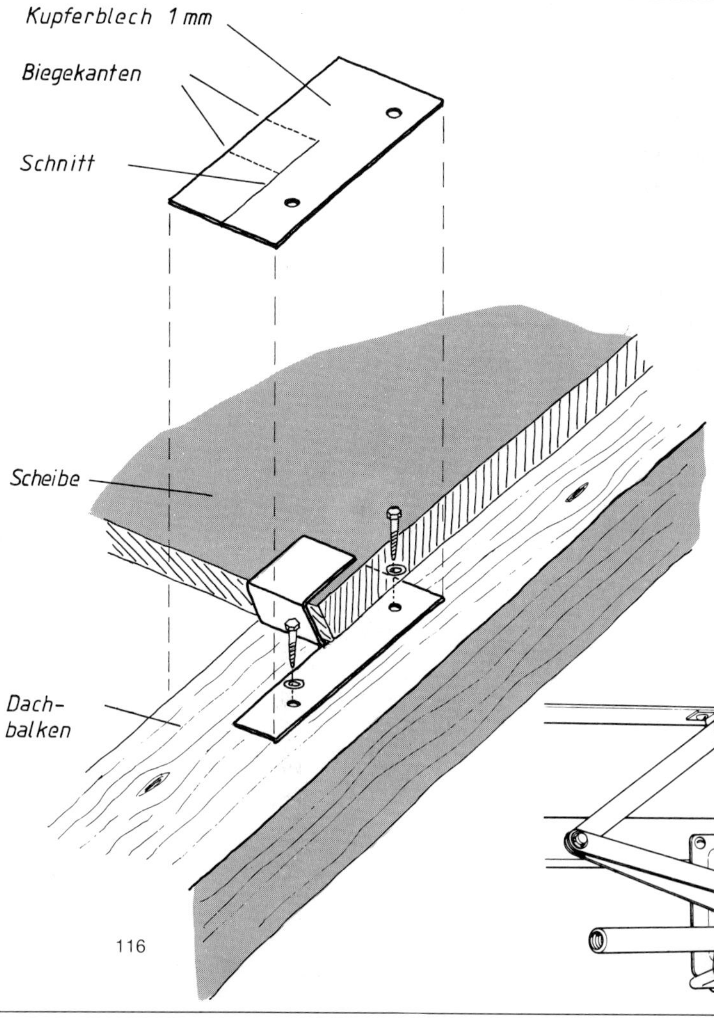

116

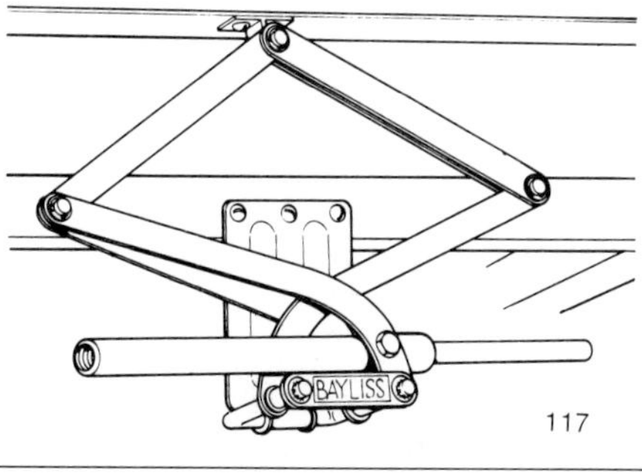

117

110 Bitte, befestigen Sie Holz nicht wie hier dargestellt. Alles Wasser kann zwar in die offenstehenden Schlitze eindringen, aber nur schwer wieder heraus. Holzfäule ist die unweigerliche Folge.

111 Balkenschuhe dieser Art sind im Handel erhältlich.

112 Versteckter Balkenschuh.

113 Befestigter Balkenschuh.

114 Aus dem Pergolabau bekannte Holzverbindungen.

115 Befestigte Holzverbindung.

116 Sollen größere Dachneigungen erzielt werden, muß das Glas gehaltert werden. Bei Stegdoppelplatten ist dieses Verfahren nicht anzuwenden. Die ohnehin großen Lieferlängen und das relativ geringe Gewicht machen es aber im Normalfall auch nicht nötig.

117 Automatisch arbeitender Fensteröffner, wie er im Fachhandel angeboten wird.

Befestigungstechniken für Holzbauteile

Da die zimmermannsmäßige Verarbeitung von Holz heute noch nicht einmal mehr von jedem Profi-Handwerker beherrscht wird und zudem sehr langwierig und damit kostenträchtig ist, muß man im Holzbau mit anderen Methoden auskommen. Mittlerweile das bekannteste System dürften die von der Firma Bierbach hergestellten Holzverbinder

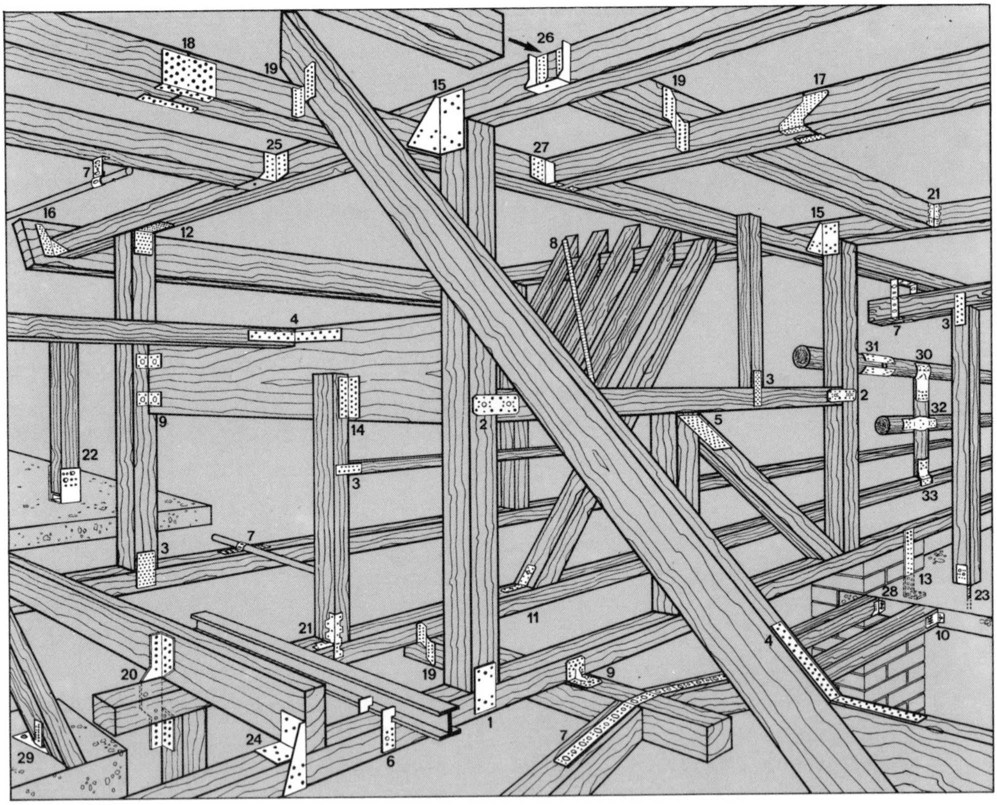

1. Flachverbinder
2. Schwerer Flachverbinder
3. Lochplatte
4. Lochplattenstreifen
5. Knotenverbinder, Kehlriegelverbinder
6. I-Träger-Balkenverbinder
7. Lochband-Strip-Verbinder
8. Bilo-Rispenband
9. Winkelverbinder
10. Beton-Winkelverbinder
11. Winkelverbinder 135°
12. Lochplattenwinkel
13. Beton-Flachstahlanker
14. Eckverbinder
15. Nagelverbinder
16. Stirnverbinder
17. Gerberverbinder
18. Schwerer Gerberverbinder
19. Sparrenpfetten-Anker
20. Sparrenpfetten-Anker
21. Vielzweck-Verbinder
22. Pfostenanker
23. Pfostenanker mit Steindolle
24. Universalverbinder
25. Standard-Balkenschuh, einteilig
26. Balkenschuh Typ I, einteilig
27. Vario-Balkenschuh, zweiteilig
28. Balkenschuh Typ II, mit Ankerlöchern
29. Sparrenfuß-Verbinder

118 Einfache und schnelle Holzverbindungen ermöglichen die verzinkten Stahlverbinder in vielen Größen und Formen. Die Befestigung erfolgt per Spezialnagel.

119 Die Ankernägel verfügen über eine schier unglaubliche Haltekraft.

120 Der Beton-Winkelverbinder gestattet mit seinen Längslöchern die Längs-Ausrichtung des Balkens.

und Ankernägel sein. Die in allen erdenklichen Formen lieferbaren Teile sorgen für schnelle und sichere Verbindungen von tragenden Holzkonstruktionen. Wen die verzinkt glänzende Oberfläche stört, kann sie im gewünschten Farbton streichen oder auf farbig verzinkte Teile ausweichen.

Der finanzielle Rahmen

Sollten Sie in der glücklichen Lage sein, ein vollkommen schuldenfreies Haus zu besitzen oder Sie das leidige Finanzie-

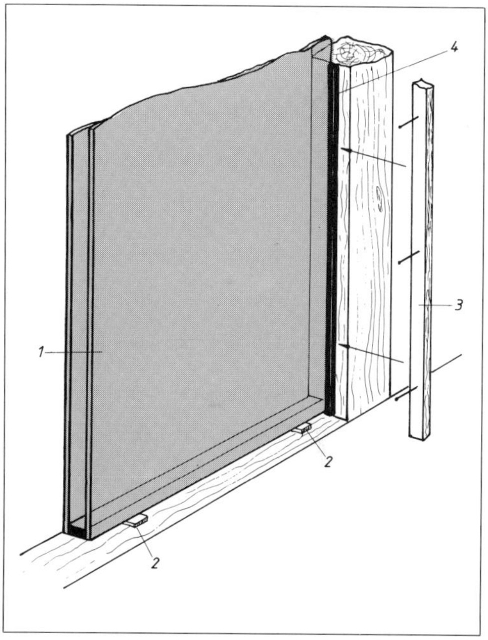

121 Sollen Isolierglasscheiben direkt auf Holz gesetzt und nur durch Glasleisten gehalten werden, muß dem Glas Bewegung gestattet werden. Am einfachsten ist es, die Scheiben auf Klötzchen aus Holz oder Kunststoff zu setzen. 1 Scheibe, 2 Klötzchen, 3 Glasscheibe, 4 Vorlegeband (Dichtungsstreifen).

Tabelle 7: Wärmespeicherkapazität verschiedener Baustoffe

Baustoff pro m²	Dicke m	Rohdichte (kg/m³)	Spezifische Wärme-kapazität (kJ/kg K)	Wärme speicher-kapazität (kJ/K)
Normalbeton	0,24	2400	1,0	576
Kalksandstein	0,24	1800	1,0	432
Leichtbeton	0,24	1600	1,0	384
Gasbeton	0,24	500	1,0	120
Wasser	0,24	1000	4,18	1003
Gußasphaltestr.	0,06	2300	1,0	138
Marmorboden + Mörtelboden	0,02 0,04	2800 2000	1,0	136
Zementestrich	0,06	2000	1,0	120
Eichenholz	0,06	800	2,1	101

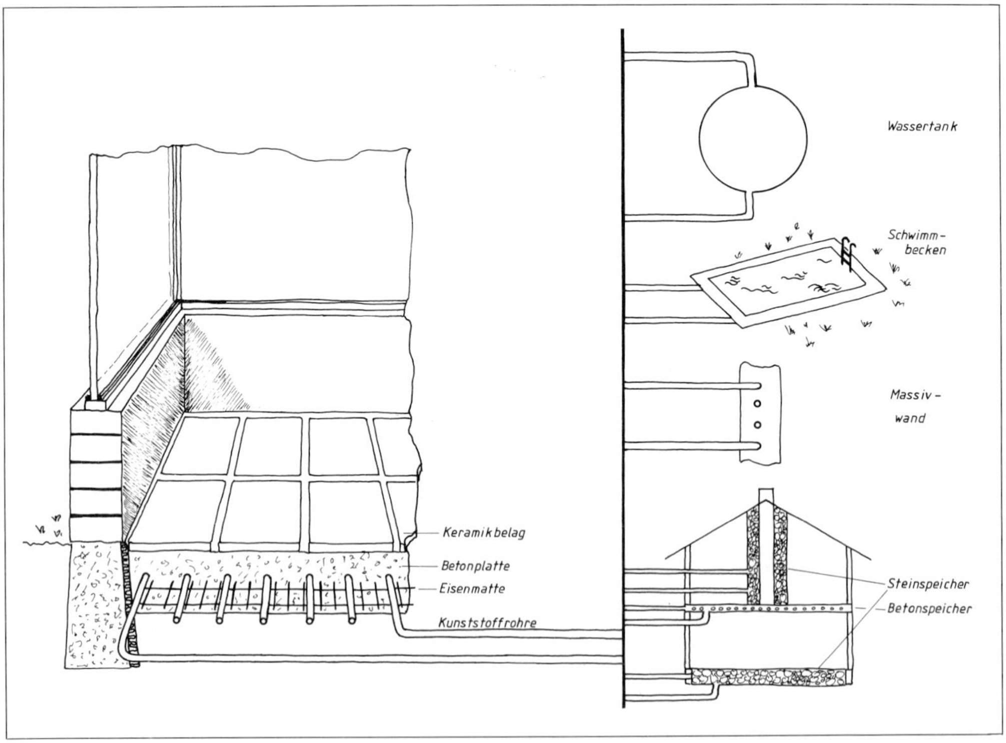

122 Der massive Fußboden in einem Wintergarten kann – und soll auch – Energie gewinnen und möglichst hochwertig nutzbar machen. Dies Schaubild mag Sie zum Nachdenken anregen, wie Sie die kostenlose Energie aus dem Fußbodenspeicher zu verwenden gedenken. Es ist bewußt auf Details wie Pumpen, Speicher, Regelung und dergleichen verzichtet worden, um das Schema übersichtlich zu halten.

123 Ein besonders großer Wintergarten, der ein relativ kleines Haus attraktiver machen soll.

124 Auch hier ein Wintergarten in Holzbauweise.

125 Ein Glasanbau, der sich über zwei Stockwerke erstreckt.

rungsproblem überhaupt nicht interessiert, können Sie auch beim Bau des Wintergartens aus dem vollen schöpfen.

Mancher Leser mag jedoch sagen: »Ich würde ja gern einen bauen, aber die Gesamtinvestition ist mir jetzt (noch) zu groß!« Sprach's und vergaß das ins Auge gefaßte Projekt wieder.

Das muß nicht sein!

Wenn Ihnen absolut klar ist, welchen Wintergarten Sie bauen wollen und die Planung steht, empfehle ich, in Etappen vorzugehen. Der gesamte Bau wird von Anfang an konstruiert wie vorgesehen. Ist dann Ihre Finanzkraft für einige Zeit erschöpft, hören Sie einfach auf, beispielsweise nach dem Errichten der Balkenkonstruktion. Sehen Sie dieses Fragment so lange positiv als Ersatzpergola an, bis es zum Endspurt für die Verglasung reicht.

126 Der Sonneneinfall von Osten ist weniger erwünscht. Die Glasfront ist deutlich nach Südwesten ausgerichtet.

Balkonwintergärten

Was dem Häuslebauer billig, soll auch dem Stadtbewohner recht sein. Unter diesem Aspekt gewinnt auch in den Städten der von Rousseau geprägte Satz ». . . zurück zur Natur.« immer mehr an Bedeutung. Dies ist absolut zu verstehen. Ist doch der überwiegende Antrieb der meisten »Stadtflüchter« der Wunsch, den engsten persönlichen Lebensraum – das Haus oder die Wohnung – naturnäher zu gestalten und ein wenig ruhiger leben zu können.

Daß diese Möglichkeit auch auf einem Stadtbalkon oder einer Dachterrasse besteht, ist nur wenigen bekannt. Es ist nicht wichtig, ob der Balkon Ihr Eigentum oder nur mit der Wohnung gemietet ist. Die Zustimmung des Hausbesitzers oder der Eigentümer-Hausgemeinschaft ist in jedem Fall vonnöten.

Worin unterscheidet sich ein Balkon von einer Hausterrasse?

1 Für Balkone gelten die gleichen Nutzungsmöglichkeiten in Prozent, wie sie

127 ». . . so wie die Alten sungen«. Der energiesparende Effekt solcher Balkonanbauten war früheren Baumeistern wohl bekannt.

128 Die Balkonverglasung paßt sich harmonisch ans Gebäude an.

129 Ohne Verglasung wäre die verbleibende Terrasse fast nutzlos.

130 Eine moderne Balkonverglasung.

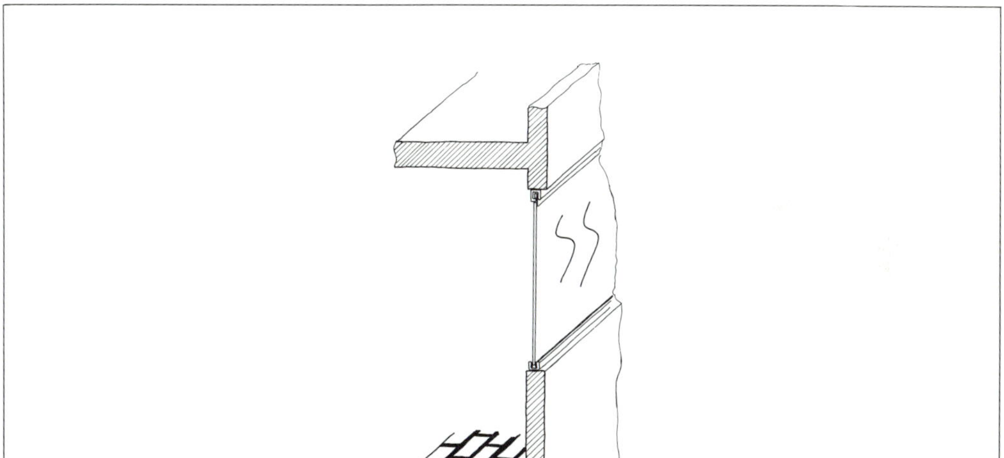

131 Seitensicht eines durchschnittlichen Balkons. Der Raum zwischen unterer und oberer Balkonbrüstung läßt sich verglasen.

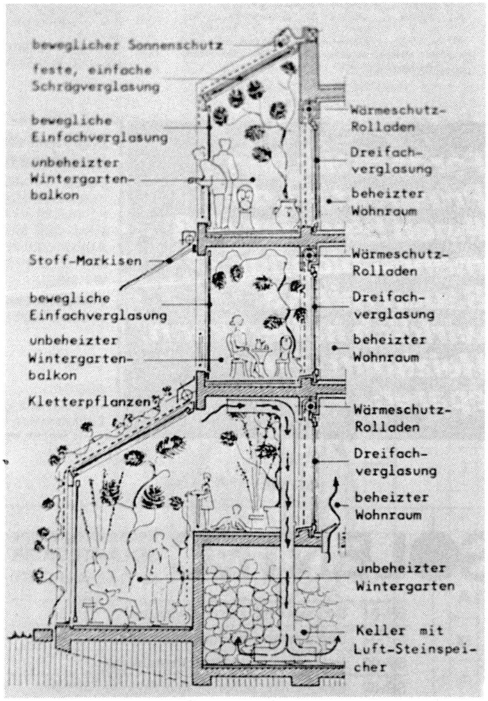

132 So könnte eine mehrgeschossige Wohnanlage mit verglasten Balkonen aussehen.

133 Der untere Balkon ist verglast.

134 An diesem Neubau sind die Balkone bereits für die Verglasung vorbereitet.

bereits weiter vorn für Terrassen mit und ohne Glasanbauten aufgezeigt wurden. Es ist schade, daß die meisten Balkone fast 90 Prozent des Jahres leerstehen oder als Abstellfläche benutzt werden.

2 Der Balkon hat meist eine kleinere Grundfläche.

3 Er ist nicht zur Aufnahme großer Lasten geeignet. Vor der Planung muß unbedingt geklärt werden, ob der Balkon aus statischer Sicht das zusätzliche Gewicht der Verglasung tragen kann.

4 Der Balkon ist bei größeren Bauten mit einer Vielzahl von Wohneinheiten durch

Trennzwischenwände von den Nachbarbalkonen getrennt. Dies bereitet baulich keine Schwierigkeiten. Die Sonneneinstrahlung erfolgt allerdings nur von einer Seite.

5 Der Balkonboden besteht in fast allen Fällen aus Beton, oft mit Fliesen belegt, und bietet somit eine ideale Speicherfläche. Die Speicherwirkung ist natürlich noch besser, wenn der unter Ihnen wohnende Nachbar die Isolierung Ihres Balkonbodens gestattet. Dies bedarf der gegenseitigen Absprache.

---

135 Balkondraufsicht. Die beiden äußeren Scheiben sind fest montiert, während die Mittelscheiben beweglich sind und im Sommer zurückgeschoben werden können.

136 Hier wurde nicht der Weg des die Terrasse überspannenden Wintergartens gewählt, sondern die Verglasung mit der Hausmauer fluchtend installiert –, zweifellos eine preisgünstigere Lösung.

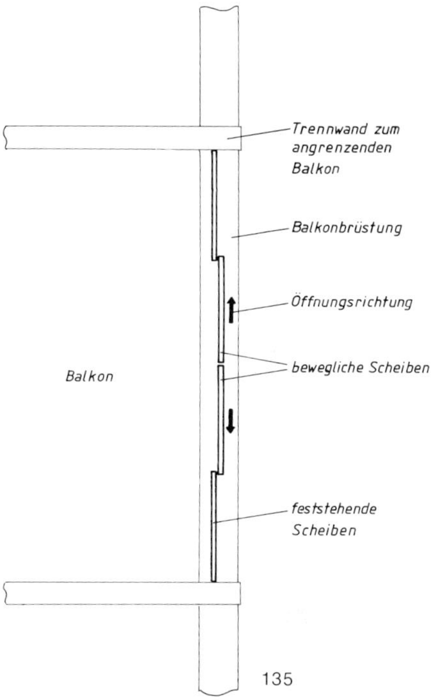

135

136

137 An früheren Bauten waren Balkone ohne Überdachung und Verglasung gar nicht denkbar, natürlich mit den Mitteln der damaligen Zeit.

6 Jeder Balkon hat eine Brüstung. Bis zu einer Höhe von 12 m über dem Erdboden genügen 90 cm Brüstungshöhe, in größeren Höhen sind 1,10 m vorgeschrieben. Bestehende Balkongeländer sind entweder aus Betonfertigteilen oder einem beplankten Stahlrahmen hergestellt. Nur selten bestehen sie aus Holz.
Besteht keine Möglichkeit, diese Brüstung zu entfernen, bedeutet dies zunächst einen Verzicht auf Einstrahlungsfläche. Andererseits gewährt die

138 Eine sehr einfache Lösung mit Einfachscheiben. Zwischen unterer und oberer Balkonbrüstung wird eine holzgerahmte Scheibe an Holzleisten angepreßt und mit Stiften gesichert.

139 Insgesamt zwar keine ansprechende Lösung, aber es funktioniert.

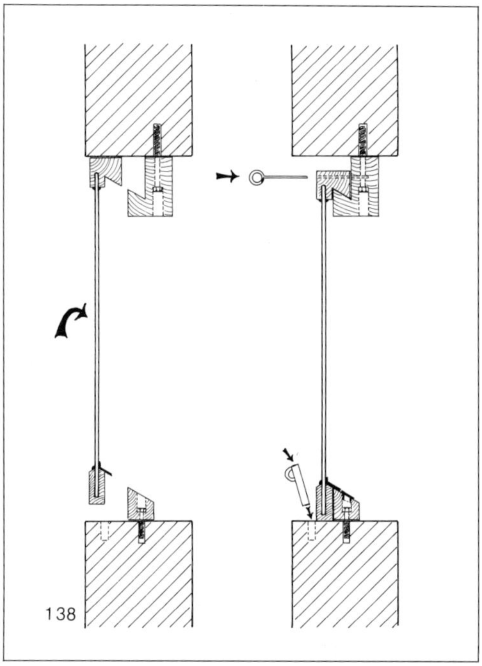
138

139

140

Brüstung natürlich einen guten Sichtschutz. Wer möchte, kann diese Absperrung durch eine Brüstung aus Einscheibensicherheitsglas ersetzen. In großen Höhen dürfte die freie Sicht zur Erde allerdings nicht jedermanns Geschmack sein.

7 Das Ausstatten des Balkons mit einer Wintergartenverglasung ist relativ einfach, wenn über dem Balkon wieder eine Balkonwanne auskragt. Nun muß im Prinzip nur der Raum zwischen obe-

140 Dieser Balkon vermittelt mehr den Eindruck eines Ausgucks, aber der Zweck des geschützten Aufenthalts im Freien ist erfüllt.

141 Die über dem größeren Untergeschoß befindliche Terrasse ist mit der einfachen Verglasung ideal geschützt.

141

rem Brüstungsende und darüberliegendem Balkonboden geschlossen werden. Ob diese Glaswand ortsfest oder beweglich gestaltet wird, liegt beim Erbauer und seinen Vorstellungen. In jedem Fall müssen Öffnungen für Zuluft und Abluft geschaffen werden. Etwas schwieriger ist es, den letzten (höchsten) Balkon zum Wintergarten umzurüsten. Dies erfordert den gleichen Aufwand wie ein ebenerdig erstellter Wintergarten, denn es muß ein Schrägdach und die Abdichtung zum Haus installiert werden. Bei solchen Konstruktionen sind statische Kräfte zu berücksichtigen.

8 Eine gesonderte Wasserabführung kann beim Balkonwintergarten entfallen, da am bestehenden Entwässerungssystem kaum etwas geändert werden muß.

Am sinnvollsten ist es, wenn in einer Eigentumswohnanlage alle Eigentümer einer Balkonverglasung zustimmen. Aufgrund der höheren Stückzahl ließe sich eine kostengünstige Kleinserie anfertigen. Außerdem wäre dieses Vorgehen aus Gründen der Wärmespeicherung sinnvoll, da ein einzelner Balkonwintergarten nicht mit teuerem Isolierglas ausgestattet zu werden braucht, wenn durch die unisolierten Zwischenwände zum Nachbarbalkon die Energie wieder entweichen kann. Da aus Gründen unterschiedlicher Interessen diese Einheitlichkeit in großen Wohnanlagen nur schwer erzielbar sein dürfte, genügt für den Einzelbalkon die Ausrüstung mit Einfachglas. Anders wäre es, wenn Ihre Nachbarn einer Isolierung der gemeinsamen Trennwände zustimmen würden.

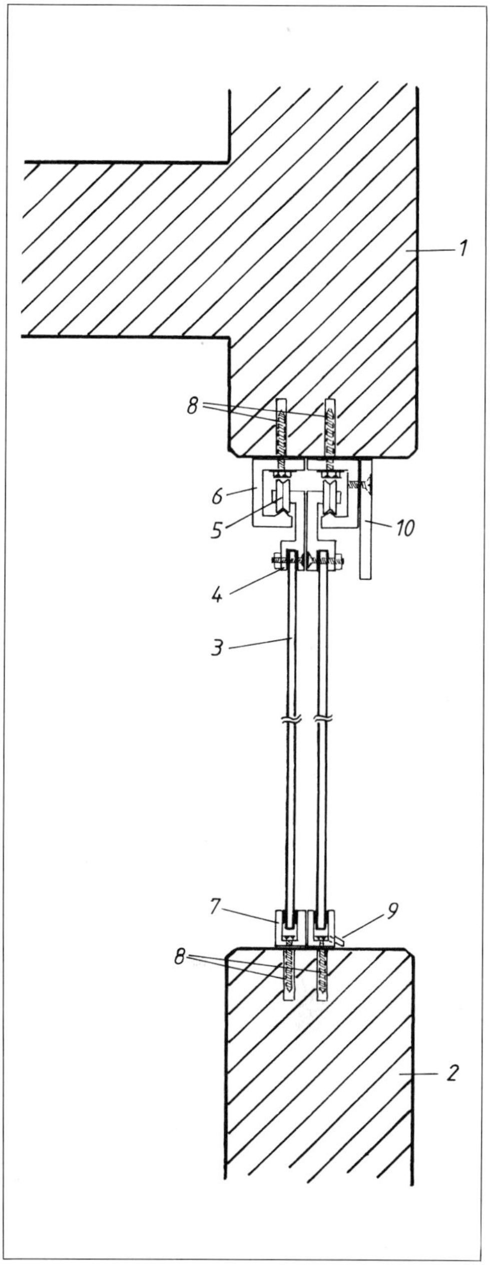

142 Auch eine Balkonverglasung läßt sich verfeinern. 1 Balkon oben, 2 Balkonbrüstung, 3 Scheiben, 4 Scheibenhalter, 5 Rolle, 6 Halteprofil oben, 7 Halteprofil unten, 8 Befestigung im Beton, 9 Wasserablauf, 10 Sichtblende.

Der angebaute, mehrgeschossige Wintergartenbalkon

Ursprünglich wünschte sich der Bauherr nur einen an das bestehende Haus angebauten Westbalkon. Der Grund war, daß durch die ausgeprägte Tallage in feuchten Wiesen der abendliche Aufenthalt im Freien sehr schnell kühl und ungemütlich wurde. Es galt daher, einen höhergelegenen Ruhe- und Sitzplatz zu schaffen. Alle Überlegungen führten immer wieder dahin, daß in der zweiten Etage (späteres Schlafzimmer) der richtige Ort wäre. Da Loggien Platz im Haus kosten und Abdichtungsprobleme nicht ganz auszuschließen waren, verblieb als Lösung nur der angebaute Balkon.
Da ein Balkon im Erdreich abgestützt werden muß und Ständerbalken mit 5,5 m Länge bis zur Traufhöhe sowieso gebraucht wurden, ergab sich bei näherer Überlegung, daß es sinnvoll wäre, gleich zwei übereinanderliegende Balkone zu konstruieren. Der Mehraufwand für den zweiten, unteren Balkon war nur gering. Bis dahin blieb die Frage offen, wie das unfreundliche Wetter auszuschließen wäre. Im Zuge einer ohnehin anstehenden Neueindeckung des Hausdaches wurde auch dieses gelöst. Das Althausdach ließ sich problemlos um 2,20 m verlängern und überspannt nun die gesamte Holzkonstruktion des Balkonanbaus.
Der obere Balkon und das Dach konnten vor Erscheinen dieses Buches nicht mehr fertiggestellt werden, ebenso sind noch keine Wintergartenverglasungen zu sehen.

Die Verglasung bestehender Balkone

Es ist geplant, die Seitenteile des unteren Balkons mit einer ortsfesten Vergla-

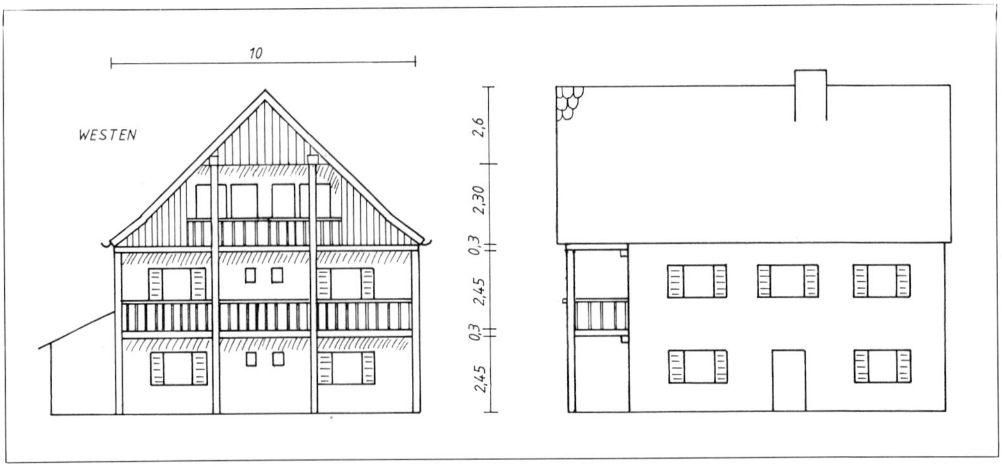

143 Erster Entwurf zum angebauten Wintergartenbalkon.

144 Das Tragbalkenwerk ist aufgestellt.

145 Das Dach ist verlängert und muß nur noch gedeckt werden. Das Balkongeländer wird voll herumgezogen.

146 Die Flächen zwischen Geländer und oberem Balkon werden später mit einem einfachen, demontierbaren System verglast.

sung auszustatten (Einfachglas). Der ebenerdige Durchgang bleibt frei. Im Raum zwischen den Kopfbändern und Ständerbalken ist eine dreieckige Verglasung vorgesehen. Alle anderen offenen Felder werden mit leicht handhabbaren, beweglichen gerahmten Plexiglasscheiben ausgefüllt. Diese sollen im Sommer entfernt und nur während der Übergangszeiten und im Winter fest verankert werden. Das System wird dem einfachen, in Bild 137 gezeigten Einhängefenster ähneln.

Die Be- und Entlüftung erfolgt durch nicht sichtbare Schlitze in der Balkonverkleidung. Aufgrund der einfachen Bauweise ist ersichtlich, daß der Wintergarten hauptsächlich als Pufferzone wirken und die Balkonsaison verlängern helfen soll.

Die Baukosten des Anbaus beliefen sich (ohne Glas und Rahmen) auf etwa 15 000 Mark bei tatkräftiger Mithilfe des Bauherrn. Bei einem Objekt dieser Größenordnung mußte auch der handwerklich erfahrene Bauherr auf eine Fachfirma zurückgreifen, die den Rohbau erstellte und das Dach decken half. Die Zimmereiarbeiten erfordern doch mehr Erfahrung und Detailwissen, als sie der engagierteste Heimwerker vorweisen kann. Auch erwiesen sich manche Balken als so schwer, daß sie nur zu dritt handhabbar waren. Ich rate davon ab, Anbauten dieses Umfanges allein im Do-it-yourself-Verfahren anzugehen.

Blumenfenster

Haben Sie schon einmal bedacht, ob sich Ihr Interesse nur auf den voll bewohnbaren Wintergarten richtet, oder ob die Zucht seltener Pflanzen Ihr Hauptwunsch ist? Im letzteren Fall ist es nicht zwingend erforderlich, einen Anbau an das bestehende Haus vorzunehmen. Ihr Ziel läßt sich auch – im kleineren Rahmen – im Haus verwirklichen.

Blumenfenster heißt die Lösung, wobei der Begriff »Fenster« weit auslegbar ist, denn ein Blumenfenster kann flächenmäßig das halbe Wohnzimmer einnehmen.

Voraussetzung hierfür ist ein großzügiges Fenster, das breiten Lichteinfall gestattet. Diese Panoramafenster sind im modernen Wohnbau seit einigen Jahren als Standard zu bezeichnen. Im Altbaubereich sind sie nur sehr selten anzutreffen, müßten also neu geschaffen werden. Bei solchen Vorhaben muß man große Vorsicht walten lassen, denn eine große Fensteröffnung kann den Stil und das Aussehen eines Altbaus radikal verunzieren und nur selten verbessern.

Das große Wohnraumfenster sollte sehr gut isoliert sein. Dahinter wird ein eigener Raum geschaffen, der vom eigentlichen Wohnraum wiederum durch eine verschieb- oder rollbare Glasscheibe getrennt wird. Diese Konstellation ergibt ähnliche Verhältnisse wie im echten Wintergarten. Im Raum zwischen den Scheiben stellt sich ein anderes Klima als im dahinterliegenden Wohnraum ein. Das Klima wird entweder belassen, wie es die Heiz- und Witterungsverhältnisse gerade erlauben oder künstlich über Zusatzheizungen geschaffen. Ausschlaggebend hierfür sind die Ansprüche der im Blumenfenster lebenden Pflanzen.

147 Die umbauten Westfenster eignen sich hervorragend als Blumenfenster.

148 Leben mit Pflanzen.

Der Betrachter aus dem rückwärtigen Raum hat durch das Blumenfenster eine geringe Einbuße an natürlichem Lichteinfall, wird aber durch die Pracht der botanischen Kostbarkeiten reichlich entschädigt.
Auch das Blumenfenster funktioniert nicht von selbst vollautomatisch. Es muß für Heizung-, Be- und Entlüftung und Verschattung gesorgt werden.

Unter Umständen ist es sogar erforderlich, bestehende Heizkörper zu verlegen.

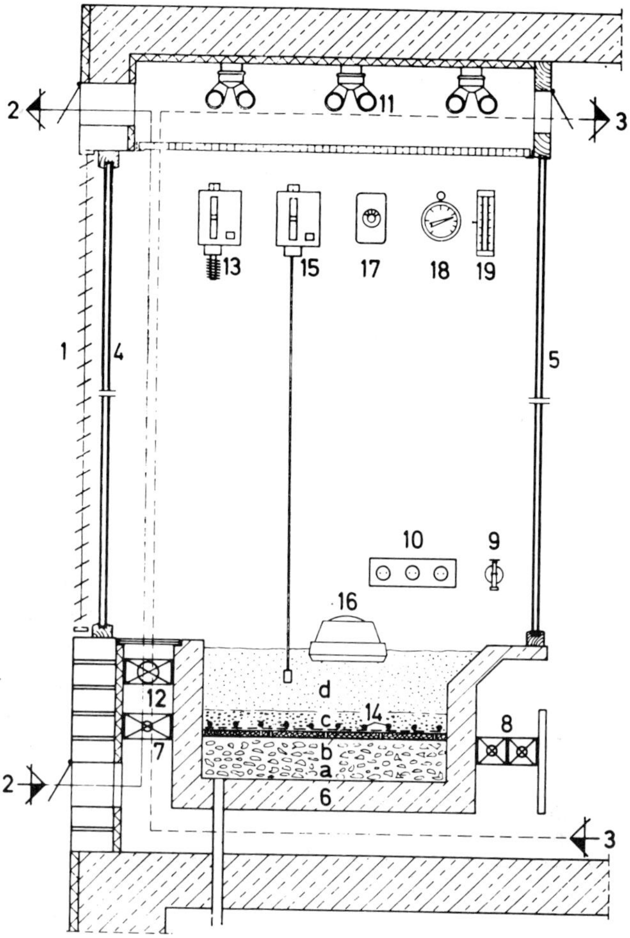

149 ***Geschlossenes Blumenfenster.***
1 Außenschattierung, 2 Be- und Entlüftung für Sommerbetrieb, 3 Be- und Entlüftung für Winterbetrieb, 4 Isolierglas, 5 Schiebefenster, 6 Pflanzwanne, a Drainage, b Styrodur-Isolierung gelocht, mit aufgelegter Alu-Folie, c Sandabdeckung des Heizkabels, 5 cm stark, d Torf oder Kultursubstrat, 7 Konvektor-Raumheizung, Blumenfenster, 8 Konvektor-Raumheizung, Wohnung, 9 Doppelhahn (Wasser), 10 Dreifachsteckdose, 11 Spezial-Blumenfensterleuchten, 12 Floratherm-® Raumheizung, 13 Raumthermostat ER 3 NA, 14 Floratherm-® Bodenheizkabel, 15 Bodenthermostat ER 3, 16 Elektro-Luftbefeuchter L 505 S, 17 Feuchteregler (Hygrostat), 18 Hygrometer, 19 Maxima-Minima-Thermometer.

Bepflanzung

Kein Ort im Haus eignet sich besser für die Pflanzenzucht als der Wintergarten. In ihm lassen sich für Pflanzen naturnähere Bedingungen schaffen, als dies an anderen Orten des Hauses möglich wäre. Besonders die Lichtverhältnisse sind entscheidend besser als in den üblichen Wohnräumen. Dazu kommt, daß der Glasbau ein günstigeres Klima, was Temperatur und Luftfeuchtigkeit angeht, bietet.

Sollen im Wintergarten Pflanzen in großer Vielfalt wachsen und nicht nur spärlicher Dekoration dienen, muß der gesamte Anbau auf die Anforderungen dieser Gewächse zugeschnitten werden. Diese gewünschten Umweltbedingungen können sein:

- ☐ Brauchen die Pflanzen UV-Licht?
- ☐ Vertragen sie es oder
- ☐ sind es schattenliebende Gewächse?
- ☐ Muß die Luft dauernd sehr feucht sein, 70 bis 90 Prozent relative Luftfeuchte oder genügt durchschnittliche Raumfeuchte?
- ☐ Vertragen die Pflanzen Zugluft?
- ☐ Welches Wärmeniveau darf nicht unterschritten werden?

Vor allem die letzte Frage ist eine Kernfrage des Wintergartenbaus im Zusammenhang mit Pflanzenzucht.

Das Temperaturniveau kann in vier Bereiche unterteilt werden:

Bereich 1: Einfacher Wintergarten, der von Frost bis zu 50 Grad Celsius alle Temperaturen aufweist und weder Frostschutzheizung noch Sonnenschutz besitzt.

Alle Pflanzen, die in diesem extremen Klima wachsen wollen, müssen winterhart sein. In erster Linie sind dies Gemüse, Kräuter und Reben sowie manche Gartenstauden.

Bereich 2: Im besser isolierten Wintergarten mit Frostschutzheizung und Sonnenschutz stellt sich zwischen +4 Grad bis etwa 30 Grad Celsius sogenanntes mediterranes Klima ein. Die Durchschnittstemperaturen liegen zwischen 4 und 10 Grad Celsius im Winter. Geeignet sind Azaleen, Bougainvillea, Chrysanthemen, Farne, Fuchsien, Gemüse, Geranien, Kiwis, Kakteen, Oleander, Salate, Tulpen, Zitrusbäume und so weiter.

Bereich 3: Dieser Temperaturbereich entspricht im wesentlichen den Gegebenheiten eines durchschnittlichen Wintergartens, der gut isoliert ist und alle Möglichkeiten wie Lüftung, Heizung und Verschattung bietet. Die Temperaturspanne ist von etwa 10 bis 40 Grad Celsius anzusetzen. Diese Wohngewächshäuser erlauben die Aufzucht empfindlicher Pflanzen, die hohe Anforderungen an Lichtverhältnisse stellen.

Die meisten der bekannten Zimmerpflanzen sind geeignet, auch wachsen manche Orchideen und Palmenarten. Wärmeliebendes Gemüse wie Melonen und Kürbisse fühlen sich wohl.

Bereich 4: Hier herrschen »tropische« Temperaturen von mindestens 20 bis 28 Grad Celsius im Schnitt. Entsprechend dem erforderlichen Heizaufwand ist die Flora dieser warmen Wintergärten exclusiv. Hier können Kokospalmen, Vanda-Orchideen, Pfirsiche und Ananas gedeihen. Solche Wintergarten-Träume sind allerdings nichts für schmale Geldbeutel.
Wer dennoch feudalen Hauch in sein Vorzimmer aus Glas bringen möchte, sollte sich zum Bau eines kleinen Gewächshauses im Wintergarten entschließen. Dies kann ein abgetrennter Teil oder eine nochmals durch Glas abgeschottete Insel im großen Wintergarten sein, die den Vorzug besonderer Beheizbarkeit genießt. Dort können Sie Ihre ausgefallensten Blütenträume realisieren.

Pflanzenschutz

Der von der Außenwelt weitgehend abgeschottete Bereich des Wintergartens ist eine Pflanzenwelt für sich. Das bedeutet, daß auch tierische Schädlinge, wie zum Beispiel Spinnmilben, sich ungehindert von natürlichen Feinden vermehren können. Oft bleibt nur der Griff zur Chemikalie. Bedenken Sie dabei in Ihrem ureigensten Interesse, daß eine Luft, die mit Insektiziden geschwängert ist, auch in Ihre Lungen gelangt. Es gibt auf dem einschlägigen Markt Spritzmittel, die für den Menschen weitgehend unschädlich sind und auch in geschlossenen Räumen angewendet werden dürfen.

Der »selbermachen«-Wintergarten

Die Redakteure von »selbermachen«, einer bekannten deutschen Monatszeitschrift für den Do-it-yourself-Bereich, boten ihren Lesern rechtzeitig zum Frühjahr 1985 interessante Lektüre. Ein komplett durchkonzipierter Wintergarten wurde vorgestellt. Das System war mit dem Münsteraner Werk Ostermann-

150 Die Kaffeetafel ist im wohnlich gestalteten Wintergarten gedeckt.

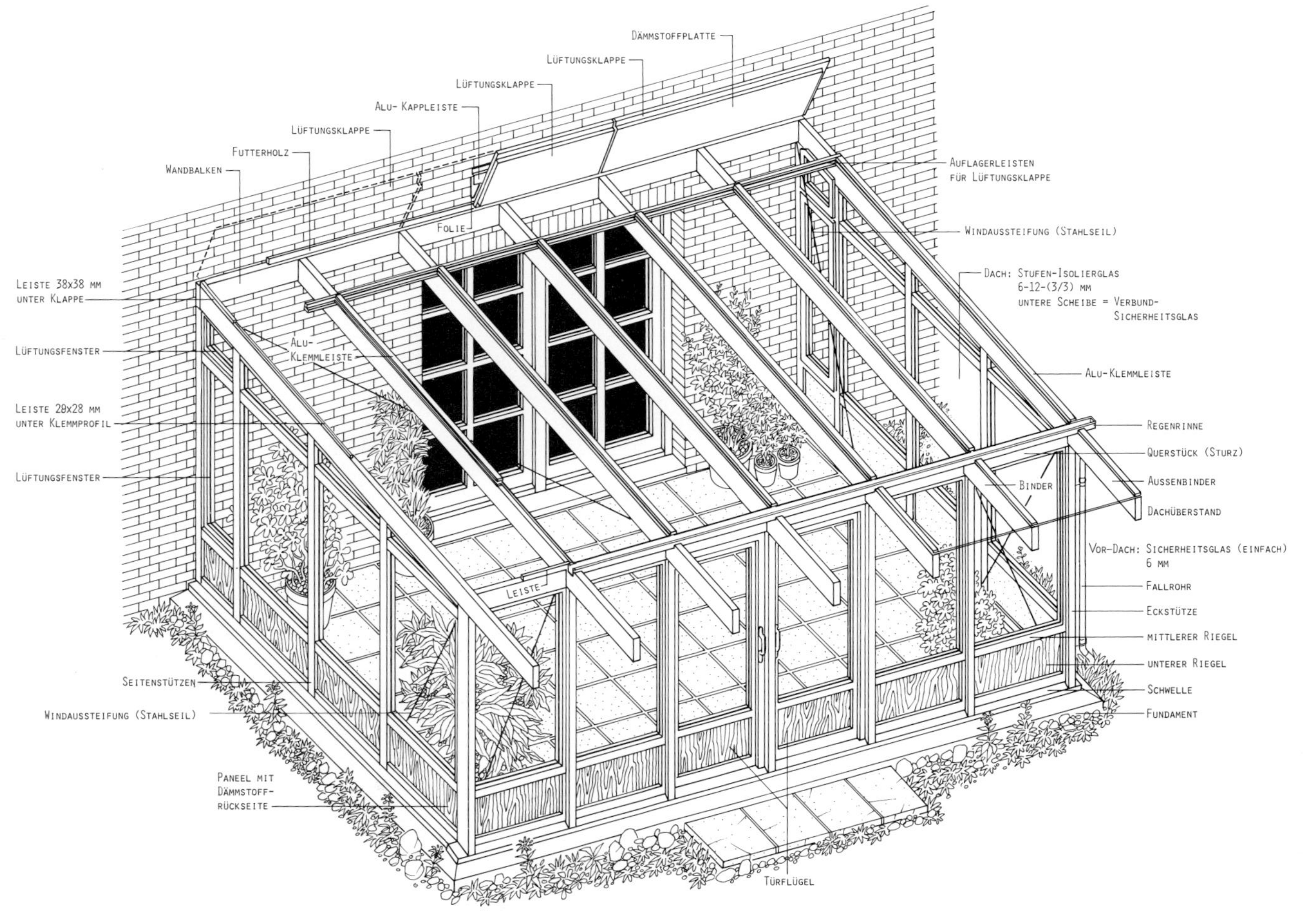

151 Isometrie des »selbermachen«-Wintergartens.

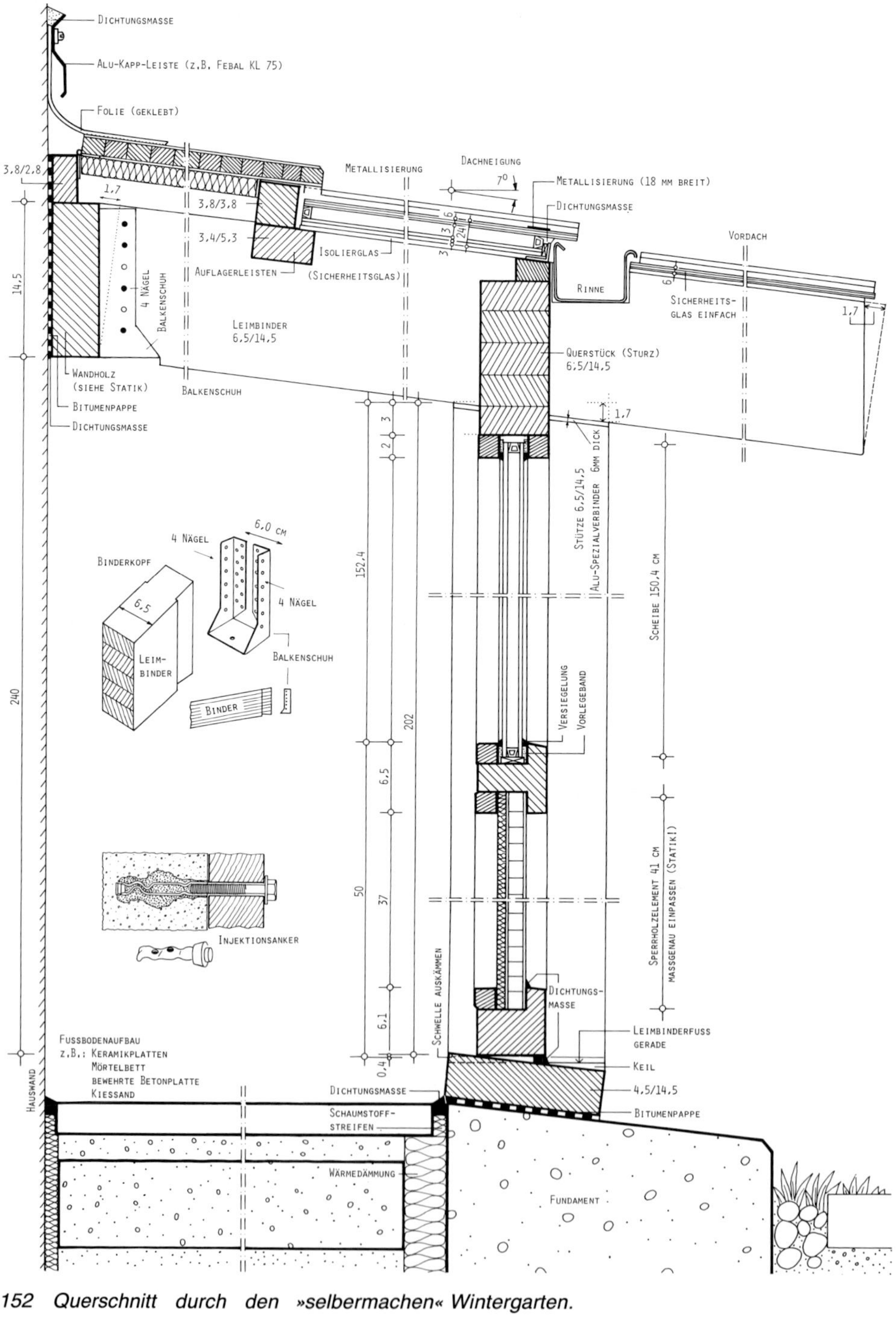

152 Querschnitt durch den »selbermachen« Wintergarten.

&Scheiwe und den Vereinigten Glaswerken in Aachen entwickelt worden. Mit freundlicher Genehmigung des Jahreszeiten-Verlags in Hamburg können wir den Bausatz kurz vorstellen.

Die Konstruktion basiert auf einem Holzskelett, das in üblicher Manier an das Wohnhaus angelehnt wird. Die Stützen sind im unteren Teil mit wasserfest verleimtem Sperrholz ausgefacht, das auf der Innenseite zusätzlich gedämmt wird. Auf den Stützen satteln die Dachsparren und stehen noch 75 cm über die Dachrinne hinaus. Das Rastermaß von 90 cm ergibt eine Länge von 593 cm über alles und eine nutzbare Breite von 352 cm.

Alle tragenden Holzteile sind Leimbinder. Sowohl die Dach- wie die Seitenteilverglasung ist mit Isolierglas durchgeführt. Die untere Scheibe der Dachverglasung ist der Vorschrift entsprechend aus Verbund-Sicherheitsglas. Einscheiben-Sicherheitsglas deckt den Dachüberstand vor der Traufe. Zwischen Dach und Vordach ist – relativ unsichtbar – die Dachrinne angeordnet. Für Be- und Entlüftung sorgen zwei breite Türflügel vorn und Lüftungsfenster in den hinteren Ecken. Der Warmluftabzug kann über Dach erfolgen. Drei über die gesamte Wintergartenbreite zu öffnende Lüftungsklappen aus wasserfestem Sperrholz gestatten relativ zugfreie Entlüftung.

Eine Besonderheit ist der vom Holz-Hersteller entwickelte Verbinder: ein massives, verzinktes Stahlplättchen mit senkrecht darauf stehenden Stahldornen. Der Verbinder löst innerhalb des Bausatzes die unterschiedlichsten Montageprobleme. Damit immer exakte Bohrungen gelingen, wird eine Bohrschablone gleich mitgeliefert.

Wie wird gebaut?

Für den Wintergarten genügen vier verschiedene Holzprofile, die als Meterware angeliefert werden. Abmessung und Zuschnitt obliegen dem Bauherrn. Nachdem die Dachpfette am Haus befestigt ist, werden die Sparren am Ende mit Spezialverbindern versehen, die später in das entsprechende Gegenstück der Dachpfette greifen.

Auch die Stützen sind mit Verbindern auf dem Schwellenholz zu arretieren. Sobald eine Stütze steht, kann der Sparren bereits aufgelegt werden. Die beiden Seitenteile mit ihren Zwischenstützen werden zuerst fertig gemacht.

Für die Ausfachung der stehenden Wände sind Spezialprofile vorgesehen, die später die Isolierglasscheiben halten. Diese Profile werden abgelängt und nach bester Heimwerksitte mit Leim und Dübeln an den Stützen verankert. Wer der Auffassung ist, daß es der Eleganz seines Wintergartens keinen Abbruch tut, kann an dieser Stelle natürlich auch mit Blechwinkeln arbeiten. Um das Verleimen der unteren Fächer kommt man aber sowieso nicht herum, denn die allseitige Verleimung soll auch Stabilität ins Ganze bringen.

Steht der Holzbau, sollte er durch mehrmaliges Streichen geschützt werden. Erst dann wird die Verglasung eingesetzt. Die Dachverglasung bedingt wenigstens einen kräftigen Helfer, wenn die schweren Isolierglasscheiben zu transportieren und einzubauen sind. Ein Universal-Klemmset hat die Scheibe fest im Griff.

Die Redaktion von »selbermachen« hat sich keineswegs damit begnügt, das System mit einer bebilderten Kurzbeschreibung schmackhaft zu machen, sondern geht einen Schritt weiter. Jedermann kann dort eine Bauplanmappe käuflich erwerben, die neben hervorragenden Planzeichnungen auch eine statische Berechnung enthält. Der Plansatz ist eingabereif für jede Baugenehmigungsbehörde.

Im einzelnen sind enthalten: Acht, meist doppelseitig bedruckte Pläne im Format DIN A 2, ein Eingabeplan M 1:100, ein Eingabeplan M 1:20, eine Baubeschreibung, die vollständige Statik, ein Lageplan, ein Formblatt für den Bauantrag, eine Holzliste mit Größen- und Mengenangaben, eine Planungshilfe für den Zuschnitt der Glasscheiben.

153 Der harmonische Wintergartenanbau fügt sich nahtlos in die Gartenlandschaft ein.

Selbstbausätze

Hersteller von Glas- und Gewächshäusern sowie Wintergärten gibt es eine ganze Anzahl. Jeder Glas- und Metallfachbetrieb, der auf sich hält, bietet seit der aufkeimenden Renaissance des Wintergartens fertige Lösungen an. Die sind – nach Ansicht vieler Branchenvertreter – immer speziell auf einen Kunden zugeschnitten und lassen sich in keiner Weise auf andere Bauvorhaben übertragen. Mir scheint, manche Fachbetriebe wollen damit nur überhöhte Kosten und »Angstzuschläge« rechtfertigen. Es gibt selbstverständlich Bauvorhaben, die so abnorm sind, daß kein Norm- oder Serienteil verwendet werden kann. Die Kosten von 40 bis 60 000 Mark stehen dann auch im guten Verhältnis zum hohen Bauaufwand.

Aber, so muß man fragen, wie groß ist der Markt für diese gläsernen Exklusivanbauten?

Der Markt für Glashäuser liegt künftig beim Haus von »Otto Normalverbraucher«, der, nach heutigem Wert allenfalls acht- bis fünfzehntausend Mark für seine gläserne Stube auf den Tisch legen will und kann. Sein Haus unterscheidet sich oft von den Häusern seiner Nachbarn nur durch die Hausnummer, ist also bau- und maßgleich. Der oftmals uniforme Haus- und Wohnungsbau hat den Vorteil, für vorgefertigte, bauliche Problemlösungen ideale Voraussetzungen zu bieten.

Diesen Trend erkennen immer mehr pfiffige Klein- und Mittelbetriebe und spezialisieren sich auf Wintergärten, deren Einzelteile soweit wie möglich vereinheitlicht, genormt und typisiert sind. Dies ermöglicht eine überschaubare Anzahl von Teilen, die sich in kleinen bis mittleren Stückzahlen kostengünstig vorfertigen lassen. Der damit errungene Preisvorteil kann an den Kunden weitergegeben werden. Die Endstufe dieser Entwicklung ist der im Katalog offerierte Bausatz, der vom geübten Heimwerker nach Bauanleitung des Herstellers aufgestellt wird.

Da zu erwarten ist, daß sich in den nächsten Monaten und Jahren die Zahl der Anbieter auf diesem Wachstumsmarkt beträchtlich erhöhen wird, sei Ihnen Vorsicht bei der Auswahl Ihres Lieferanten geraten. Dem Autor wurden schon Systeme angeboten, die dem Augenschein nach noch nicht einmal die Hälfte des geforderten Preises wert waren. Demgegenüber gibt es hervorragende Lösungen von echten Fachfirmen.

Um die bei Ihnen eintreffende Prospektflut etwas lichten zu helfen und bei Gesprächen mit Fachberatern der Wintergartenhersteller wichtige Fragen anzuregen, wurde der 18 Punkte umfassende Fragenkatalog entworfen.

Im folgenden stellt der Verfasser vier Wintergarten-Selbstbausätze vor, die

Tabelle 8: Was ist zu beachten beim Kauf von Fertigbausätzen?

1 Wie lange bietet der Hersteller/die Firma schon am Markt an?

2 Hat die Firma schon Erfahrung aus dem Gewächshausbau oder Fensterbau?

3 Ist die Firma Hersteller oder Vertriebsgesellschaft eines oder mehrerer Hersteller? Der Kauf direkt beim Hersteller kann Vorteile haben, z. B. beim Service.

4 Können Ihnen Referenzen gezeigt werden oder befindet sich ein fertiger Wintergarten des Herstellers in Ihrer Nähe?

5 Wird ein typisiertes Programm angeboten oder muß eine Sonderanfertigung erfolgen? Grundsätzlich gilt: je gestraffter und einheitlicher das Typenprogramm ausgelegt ist, umso kostengünstiger kann der Bausatz gefertigt und vertrieben werden. Die Originalität bleibt dabei zwangsweise auf der Strecke.

6 Kann ein Standardtyp geringfügig nach Ihren speziellen Wünschen und Gegebenheiten geändert werden und welche Mehrkosten entstehen für Sie?

7 Liefert der Hersteller komplette Baueingabe-Unterlagen mit oder wenigstens die Statik?

8 Wie lange leistet der Hersteller Garantie? Bezieht sich die Garantie nur auf das Material oder auch auf evtl. Planungsmängel?

9 Lassen Sie sich einen Bausatzplan und die Original-Aufstellanleitung zeigen. Kommen Sie damit zurecht? Ist Ihnen wirklich jedes Detail klar? Kann der Verkäufer Ihre Fragen zufriedenstellend klären?

10 Stehen Ihnen beim Aufbau notfalls Spezialisten des Herstellers zur Verfügung? Was würde deren Einsatz kosten (Zeitaufwand, Spesen, Fahrtkosten)? Kann der Verkäufer über diese eventuellen Mehrleistungen ein verbindliches Angebot machen? Sind bereits Kosten für einen Instruktor im Bausatzpreis enthalten?

11 Werden Sie gefragt, wie Sie den Wintergarten nutzen wollen (siehe auch Checkliste auf Seite 28)?

12 Werden Ihnen Aufstellvorschläge, verschiedene Variationen, etc. unterbreitet?

13 Berät Sie die Firma auch über wichtige Randbedingungen, die Sie vor dem Kauf schaffen oder ändern sollten?
Beispiele:
Erneuern des alten Terrassenbelags, da der Wintergarten auf die massiv gegründete Terrasse gestellt werden kann, sich ein eigenes Fundament also erübrigt.
Änderung der Terrassentür(en) und -fenster.
Rechtzeitiges Entfernen der Wärmedämmung an der Außenwand.

14 Haben Sie die Wahl zwischen verschiedenen Verglasungsarten?
Werden Ihnen Unterschiede und eventuelle Vor- und Nachteile erklärt?

15 Wie soll der Bausatz bezahlt werden:
- sofort nach Anlieferung
- nach Aufstellung
- mit festgelegtem Zahlungsplan?

16 Was kostet der reine Bausatz im Vergleich zum fertig vom Hersteller aufgebauten Wintergarten?

17 Wird Ihnen für den Fertigbau ein Festpreis angeboten?

18 Sehen Sie sich nach all diesen Fragen noch in der Lage und sind Sie noch willens, einen Bausatz zu bestellen?

Dann wünsche ich Ihnen viel Erfolg.

bundesweit vertrieben werden. Jede Beschreibung beinhaltet einen Auszug aus der Aufstellanleitung des Herstellers, so daß Sie sich selbst ein Bild machen können, ob Sie in der Lage wären, nach diesen Instruktionen einen Wintergarten zu errichten.

Anlehngewächshaus der Firma Krieger

Der im nordrhein-westfälischen Herdecke ansässige Gewächshaushersteller Kuno Krieger offeriert auch Selbstbausätze von einfachen Wintergärten. Die Rahmenkonstruktion ist immer aus Aluminium. Die Verglasung kann aus einer breiten Angebotspalette gewählt werden. Die Dachneigung beträgt 18 Grad. Sollte dies relativ steile Dach an Ihrem Haus nicht unterzubringen sein, bietet der Hersteller eine Verkürzung der stehenden Wände an. Die Dachneigung wird allerdings beibehalten.
Das modulare System mit Rastermaßen von 61 cm ermöglicht hohe Variationsmöglichkeiten, wobei die Endform immer recht- oder viereckig bleibt. Das Anlehngewächshaus ist in Längen von

154 Der »Krieger«-Wintergarten Typ 317 vervollständigt einen Winkelbungalow.

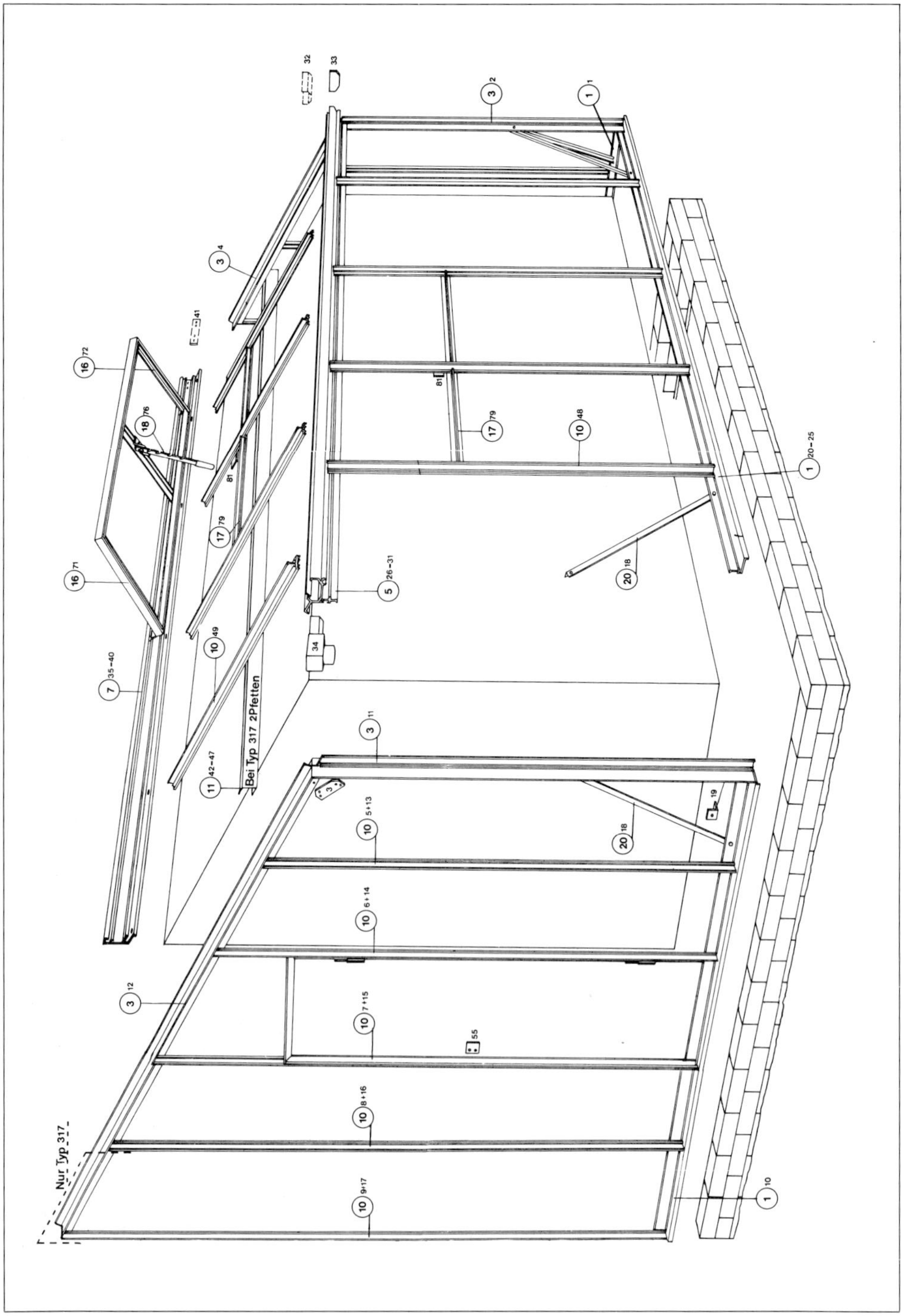

155 Der Aufbau des »Krieger«-Wintergartens.

156 »Krieger«-Wintergarten mit Abdeckrollos, wie sie aus dem Gewächshausbau bekannt sind.

1,32 m bis zu 11,14 m und, bei Bedarf, darüber hinaus oder in Zwischenmaßen lieferbar. Die Breite ist mit 2,63 m (Typ 263) und 3,17 m (Typ 317) vorgegeben, jedoch ebenfalls auf Anfrage variierbar.

Wer von Ihnen schon einmal mit einem Hauszeltgestänge gekämpft hat, wird es wissen: gehört zum Verhau der Stangen, Laschen und Nippel nicht eine vernünftige Aufstellanleitung, nimmt der Aufstellvorgang viel Zeit und vor allem Geduld in Anspruch.

Die Firma Krieger hat im Interesse ihrer Kunden zur Aufstellanleitung ein Übriges getan und die zum Bausatz gehörenden Einzelteile nach Gruppen farblich numeriert.

blau = Eckpfosten und Stehwandsprossen,
braun = Giebelränder und Dachsprossen,
rot = Giebelwandsprossen,
gelb = Tür,
grün = Lüftung,
weiß = längs- und querlaufende Profile.

Hier ein Auszug aus der achtseitigen Aufstellanleitung: »Begonnen wird bei kombinierten Häusern mit der letzten Abteilung von der Eingangstür aus gesehen. Dazu wird die Sockelleiste rechts ① 10 mit dem Eckpfosten rechts ③ 11 durch eine Stahlschraube M 6 × 15 114 verbunden. Eckpfosten ③ 11 und Giebelrand rechts abfallend ③ 12 durch Ecklasche 3 und Stahlschrauben M 6 × 15 114 miteinander verbinden (Muttern immer nach innen). Die Verbindung von Giebelrand ③ 12 und Sockelleiste ① 10 erfolgt durch die rechts abgeschrägten Giebelwandsprossen ⑩ 13 – 17. Dazu Alu-Vierkantkopfschrauben M 6 × 11 einfach in die Sprossen einschieben. Die wandseitige Giebelwandsprosse ⑩ 17 wird mit einer Alu-Sechskantschraube M 6 × 15 111 an der Sockelleiste befestigt, um einen Ankerwinkel ㉒ 19 mit anzuschrauben. Eine Versteifung der nun fertigen Giebelwand bewirkt die Eckverstrebung ⑳ 18, die an der Sockelleiste mit einer Alu-Sechskantschraube M 6 × 15 111 und am Eckpfosten mit einer Alu-Vierkantschraube M 6 × 11 110 befestigt wird. Um ein Verkanten der Sockelleiste zu vermeiden, sollten die für das Verbinden der Sockelleiste ① mit der Eckverstrebung ⑳ vorgesehenen Schrauben in der Sockelleiste ① fest verschraubt werden. Erst dann die Eckverstrebung ⑳ mit einer zweiten Alu-Mutter an der Sockelleiste befestigen.

In gleicher Weise erfolgt der Zusammenbau der links oder rechts abfallenden Giebelwand oder Trennwand 1 bis 7. Bei längeren Häusern ohne Trennwand werden lediglich der Eckpfosten und der Giebelrand miteinander verschraubt. Der Eckpfosten ist dann immer als »Verbindungspfosten« gekennzeichnet. Wenn keine Trennwand in eine Verbindungsabteilung eingebaut wird, bekommt der Giebelrand werksseitig eine montierte Verspannung. Diese Verspannung darf nicht gelöst werden.«

Die »Solar-Veranda« der Firma Vollmer

Die im mittelfränkischen Neustadt an der Aisch ansässige Firma Vollmer ist ein alteingesessener Betrieb. Das Produktprogramm besteht hauptsächlich aus einem breit gefächerten Fenster- und Türensortiment. Die natürliche Produktverwandtschaft zum Wintergarten ließ den Inhaber ein technisch hochwertiges Glashaus entwickeln, das allen denkbaren Anforderungen entspricht. Vollmer kombiniert die Materialien Holz und Aluminium so, daß jeder Baustoff seine optimalen Vorteile entfalten kann. Es ist ein System, das auch höchsten Ansprüchen genügen kann und vom Hersteller auf die jeweiligen baulichen Gegebenheiten zugeschnitten wird und universell einsetzbar ist.

Den Umgang mit zwei verschiedenen Profilstoffen möchte der Unternehmer seinen Do-it-yourself-Kunden allerdings nicht zumuten. Mit Recht, wie ich meine.

So entstand im zweiten Anlauf ein modular aufgebautes Selbstbausystem, das in seiner Ausführung der zuvor beschriebenen Machart entspricht, allerdings weitgehend werkseitig vorgefer-

157 Zeichnung einer Solar-Veranda des Herstellers Vollmer.

tigt wird. Der Selbstbauer bekommt bereits ein fertiges, aus Holz- und Alu-Teilen bestehendes Element in die Hand.

Die 68 mm dicken Holzprofile werden aus kanadischer Sitkafichte oder Mahagoni gefräst, grundiert und getrocknet. Im Dachbereich sind standardmäßig Stegdoppelplatten vorgesehen, die senkrechten Flächen isolierverglast gehalten (24 mm stark). Ein wichtiger Punkt, worauf Bauherren achten müssen, ist die Qualität der angebotenen Beschläge. Vollmer liefert Kipp-Schiebetüren und Lüftungsflügel mit Kurbelbetrieb für den Dachbereich.

Die Längsfront wird etwa zur Hälfte von Kipp-Schiebetüren eingenommen (je nach Größe ein bis vier Stück). Zweck dieser Anordnung ist zum einen die Belüftung, und zum anderen soll breitflächiger, unbehinderter Durchgang ins Freie gegeben sein. Neu auf dem Markt ist ein Falttürensystem, das die Öffnung der gesamten Vorderfront gestattet.

Eine Besonderheit ist noch zu erwähnen. Die Eckverbindung der Sparren und Pfetten erfolgt mittels werkseitig vormontierter Eckverbinder, die unsichtbar angeordnet sind und absoluten Anpreßdruck gewährleisten.

158 Kann es einen schöneren Ausblick geben? Im Bild eine Solar-Veranda der Firma Vollmer.

159 Die Profile lassen sich auch für größere Wintergärten nutzen.

160 Besondere bauliche Gegebenheiten verlangen besondere Lösungen.

Die Aufstellanleitung ist mit drei Seiten sehr knapp gehalten, was auf Grund der hohen Vorfertigung verständlich ist.

Hier ein kurzer Auszug:

Punkt 3 Befestigen der Firstpfette. Die Firstpfette ist beidseitig um 68 mm kürzer als das Maß B_0. Dies ist zu vermitteln.
Mit Hilfe von Stützhölzern ist die Oberkante der Firstpfette genau deckungsgleich mit dem Riß zu bringen. Mit geeigneten Dübeln (Schwerlastdübel), je nach Wandbeschaffenheit, ist die Pfette anzubringen. Mit dem Richtscheit muß überprüft werden, ob ein gerader Holzverlauf erreicht wurde.
Unebenheiten in der Wand sind entsprechend zu unterlegen.

Punkt 4 Aufstellen der Rand-Knickträger. Beidseitig werden die Randträger mit den bereits montierten Spezialverbindern in die Firstpfette eingehängt. Es ist auf preßdichte Eckverbindung zu achten. Behelfsweise ist dann mit Schraubzwingen an der Unterkante der Traufe (sozusagen in der Kniekehle) eine Bohle als vorläufige Stütze für die Sparren zu befestigen.

Punkt 5 Sparrenmontage. Sodann Sparren für Sparren mit den dazwischenliegenden Querriegeln (Lüfterriegel bzw. Glasstoßriegel), also Feld für Feld, mit Hilfe der Spezialverbinder in die Firstpfette einhängen. Wenn alle Sparren sitzen, wird die Traufpfette insgesamt in die Sparren eingehängt.

Es bleibt zu erwähnen, daß der Hersteller das System auch in Ihrem Haus fertig montiert. Die entstehenden Montagekosten bewegen sich bei etwa 20 Prozent des Bausatzpreises.

Der PLUS-Wintergarten, System de Luxe

Die Bewohner der skandinavischen Länder haben uns Mitteleuropäern schon immer eins vorausgehabt: ihre Häuser und Wohnungen strahlen eine unbekümmerte Gemütlichkeit aus und lassen erkennen, daß sie ihrem Bewohner weniger zu Statuszwecken nützen, sondern vielmehr zweckdienlich sind. Dies trifft auch auf die nordische Solararchitektur zu.
Ein interessanter Vertreter dieser Bauweise wird von der Firma »Plus Garten-System A/S« im dänischen Vejen hergestellt und über deutsche Händler vertrieben.
Der PLUS-Wintergarten ist ein weit entwickelter Bausatz, der aber kaum vorgefertigt auf Ihrer Baustelle ankommt. Der auch an der Detailkonstruktion interessierte Heimwerker dürfte bei diesem vielfältigen System voll auf seine Kosten kommen, was die Freude über persönliche Arbeitsleistung betrifft. Um das Ganze nicht zu einem unkalkulierbaren Risiko werden zu lassen, sind dem Bausatz eine sehr umfangreiche Aufstellanleitung von 31 Seiten beigefügt. In ihr wird jeder Handgriff zeichnerisch dargestellt, so daß sich Text fast vollkommen erübrigt.

161 Kompakt und klar in der Form sind die PLUS-Wintergärten aus Dänemark.

Einige Eckdaten. Der Bausatz besteht aus druckimprägniertem, farblich naturbelassenen Fichtenholz, auf das der Hersteller 25 Jahre Garantie gegen Pilzbefall und Fäulnis leistet. Die Rasterung des Systems ist 149 cm, so daß sich Baulängen von etwa 300 cm (2 Module) bis 757 cm (5 Module) realisieren lassen. Die Breite der »Außenstube«, wie der Hersteller sie nennt, beträgt einheitlich 310 cm. Die Ständerbalken machen mit 120 mm Durchmesser einen robusten Eindruck.

Als Dach dienen wieder Stegdoppelplatten, die mit geringer Neigung von wenigen Prozent verlegt werden. Die stehende Verglasung ist als Isolierverglasung konzipiert, jedoch kann der Kunde auch hier Wünsche äußern. Um die gesamte Dachkonstruktion von außen unsichtbar zu halten, wird sie samt Dachrinne hinter einer breit umlaufenden Attika aus Holzbrettern versteckt. Als Fußboden haben die Dänen druckimprägnierte Kiefernholzplanken vorgesehen, die keinen aufwendigen Untergrund for-

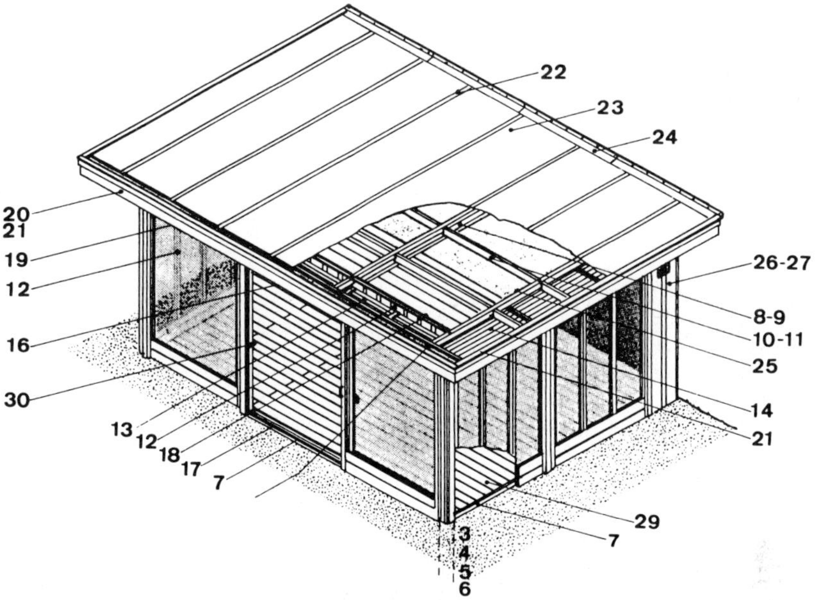

1 NÄGEL - SCHRAUBEN - BOLZEN
2 QUERBALKEN FÜR MODELL SP
3 GRABPLAN
4 PFOSTEN A
5 PFOSTEN B
6 PFOSTEN
7 SOCKELBOHLEN
8 SPARREN A
9 SPARREN B
10 PFETTEN, AUFLEGUNG
11 PFETTEN, BEFESTIGUNG
12 FENSTERELEMENT - OBERES ELEMENT (AUSSEN)
13 ÜBERSTANDSKASSETTE (FRONT)
14 ÜBERSTANDSKASSETTE (GIEBEL)
15 DACHRINNE - FALLROHR
16 LAUFSCHIENE FUR TÜR
17 LENKSCHIENE - ECKLEISTEN
18 OBERES ELEMENT FRONT (INNEN)
19 DECKBRETTER (AUSSEN)
20 STIRNBRETTER
21 STIRNLEISTEN - STIRN
22 DACH MONTAGESCHIENE
23 DACHPLATTEN
24 EINDECKUNG
25 OBERES ELEMENT GIEBEL (INNEN)
26 WANDELEMENT BEFESTIGUNG - MAUERLATTE - ANBAUELEMENTE
27 WANDELEMENT, ANPASSUNG - VENTILATION
28 WANDELEMENT - FENSTER ZUM SCHRÄGSTELLEN
29 FUSSBODEN
30 FUSSLEISTEN - HANDGRIFFE
31 JUSTIERUNG VON TÜR

162 Eine Ansicht des aufgeschnittenen PLUS-Wintergartens.

163 In dieser »Außenstube« läßt sich sicher gut wohnen.

dern. Wer dennoch eine massive Speicherfläche wünscht, kann auf die Lieferung der Bodenhölzer verzichten.
Es muß gesagt werden, daß dieser Wintergarten vorrangig als Pufferzone konzipiert wurde und nicht für Dauerheizbetrieb ausgelegt ist. Dies beweisen die vom Hersteller belassenen Lüftungsschlitze an der Traufseite. Wem dies nicht gefällt, der kann die Öffnungen natürlich verbauen.

Sonnenschutz

Die in Nürnberg ansässige Firma Nigl vertreibt den PLUS-Wintergarten und hat hierzu ein für die Selbstmontage brauchbares Sonnenschutzsystem entwickelt. Es ist auch für andere Wintergärten zur Nachrüstung gut geeignet. Zwei 2-mm-Stahlseile werden in den Sparrenfeldern vom First zur Traufpfette gespannt. Hierauf läuft in Messingbuch-

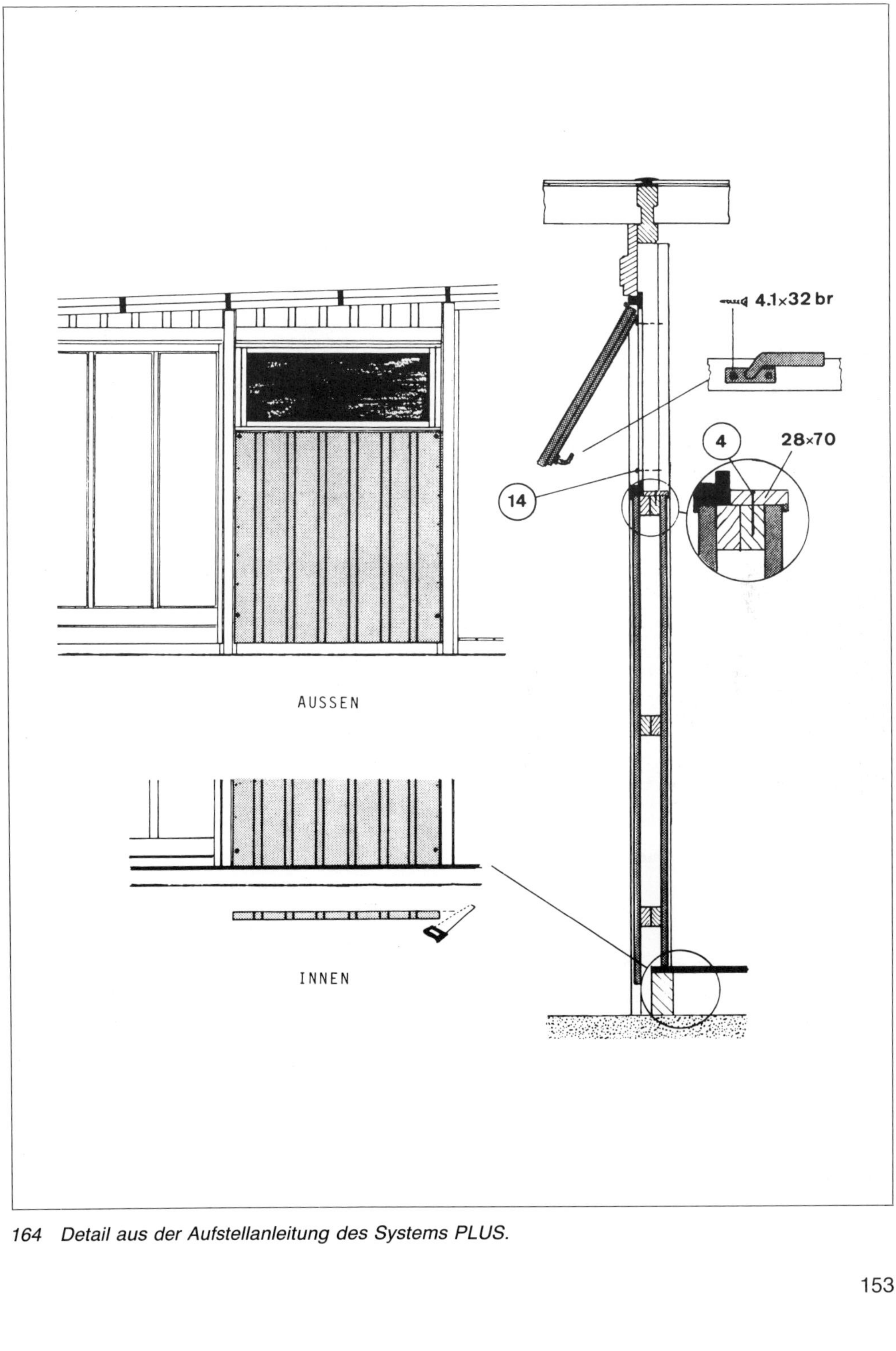

164 Detail aus der Aufstellanleitung des Systems PLUS.

sen eine Stoffbahn, die alle 50 cm abgenäht ist. In diesen Abnähern spreizt eine Kiefernholzleiste den Markisenstoff so auseinander, daß ein sauberer Fall erfolgt. Das Sonnenschutzsystem wird per Hand wie eine Ziehharmonika auf- oder zusammengeschoben.

Ein englischer Wintergarten nach victorianischem Vorbild

Die längste Tradition haben wieder einmal englische Firmen, wenn es um die Frage geht: »Wer hat den ersten Wintergartenbausatz auf den Markt gebracht?«

In guter Kenntnis dieses Sachverhalts wirbt die Münsteraner Firma Landschaftsbau Siebeneck um Kunden für ihren altenglischen Vorbildern entlehnten Glasbau. Das weitestgehend vorgefertigte Modulsystem erlaubt schnelle und problemlose Montage. Als einziger unter den hier vorgestellten Wintergärten ist der Siebeneck'sche Bausatz auch als Solitärbau zu nützen.

Die aus Rotzedernholz gefertigten Holzteile werden mit Einfachscheiben von 4 mm im Dachbereich und 6 mm in den Seiten ausgeglast. Die Schnörkel der Fensterteile gibt es in vier verschiedenen Ausführungen.

Zumindest ein Teil des zu errichtenden Wintergartens überdeckt die Form eines Oktaeders. Alle Erweiterungen in Längs- oder Querrichtung bedingen ein Rastermaß von 1467 mm.

165 Der Wintergarten als Solitärlösung.

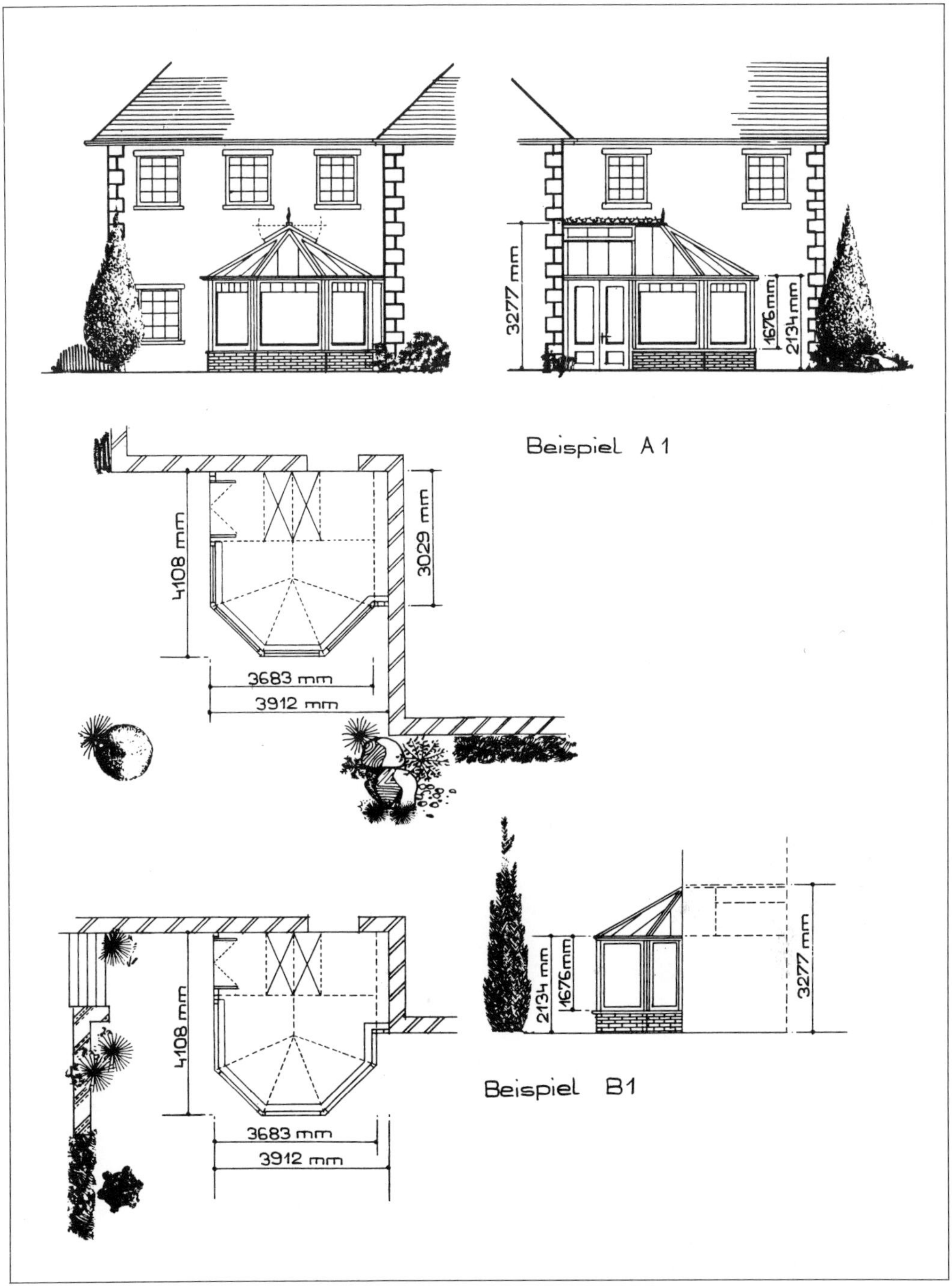

166 Besonderen Reiz vermittelt ein Bausatz im viktorianischen Stil –, dort wo er hinpaßt.

Bezugs- und Herstelleranschriften

Werkzeuge		
Sägeblätter für Kreissägen	AEG Bogenzahn, hohlgeschliffen	Baustoffhandel, Baumarkt
	AEG Feinzahn, Hartmetall bestückt	Baustoffhandel, Baumarkt
	PLEXIGLAS-Sägeblatt	Glaser Heidelberger Str. 37 6100 Darmstadt
Sägeblätter für Stichsägen	Bosch T 118 B gewellt	Fachhandel, Baumarkt
Lochstanzgerät		Stannol-Lötmittelfabrik W. Pfaff Oskarstraße 5600 Wuppertal 2
Bohrer	Kegelschälbohrer	Fachhandel, Baumarkt
Verlegezubehör		
Dichtscheiben und Schrauben	Fabco-Topseal	Fritz Haas KG Hohemarktstr. 110 6370 Oberursel Fachhandel, Baumarkt
	EJOT-Schrauben	Eberhard Jaeger GmbH & Co. KG Untere Bienhecke 5928 Laasphe
Montageklebstoff für Gummiprofile	CI-Montagekleber	Calenberg-Ingenieure GmbH Flöthstr. 6 3216 Salzhemmendorf
Profile aus Gummi, Aluminium, Kunststoff		
Kittschnüre	EGOFREM, Dichtungsband, Rundschnur	Ewald Goldmann GmbH & Co. KG Elsenheimer Str. 13 8000 München 21 Baustoffhandel
	Glasticord 450 – 123	Henkel & Cie 4000 Düsseldorf
	Perennator IDL 123	Perennatorwerk A. Hagen Postfach 6200 Wiesbaden
	Terostat Fixband	Teroson GmbH Postfach 6900 Heidelberg
Dichtungen aus EPDM	Ciplema-Profil	Calenberg Ingenieure GmbH s. auch Verlegezubehör Metzeler-Kautschuk Postfach 8000 München

Verbindungsprofile für Stegdoppelplatten		Röhm GmbH 6100 Darmstadt
Verbindungsprofile aus MAKROLON für MAKROLON SDP 4,5/6/10		BWF Bayrische Wollfilzfabriken 8875 Offingen
Dichtungsmassen		
Silikonkautschuk	Ködisil HAC	Kömmerling KG 6780 Pirmasens Baustoffhandel
	Silpruf	Baustoffhandel
Klebebänder für den Verschluß der Stirnseiten von Stegdoppelplatten	Vitominium 90 Vito-Blei	Irmen u. Cie KG Postfach 5480 Remagen-Kripp
	Scotch-Alu-Klebeband 425	3 M Company Postfach 56 29 4000 Düsseldorf 1
	Tesametall 501	Beiersdorf AG Unnastr. 48 2000 Hamburg 20
Reinigung und Pflege		
	Antistatischer Kunststoff-Reiniger und -Pflege	Burnus GmbH Postfach 41 41 6100 Darmstadt alle Händler und Lieferanten von PLEXIGLAS

PLEXIGLAS, reg. Warenzeichen der Röhm GmbH, Darmstadt

makrolon, reg. Warenzeichen der Bayer AG, Leverkusen

Holzverbinder	Bierbach KG Postfach 12 40 4750 Unna
Fertigbausätze	PLUS Garden Systems A/S Box 150 DK 6600 Vejen
	Dipl. Ing. Anton Siebeneck Dyckburgstraße 79 4400 Münster
	Vollmer KG Postfach 17 47 8530 Neustadt/Aisch
	Krieger Gahlenfeldstr. 5 5804 Herdecke

Stichwortregister

Die Verarbeitungs- und Anwendungsempfehlungen erfolgen nach bestem Wissen. Aufgrund unterschiedlicher, individueller Einflüsse am Verarbeitungsort ist jedoch eine Rechtsverbindlichkeit aus den Empfehlungen nicht ableitbar. Eigenversuche sind erforderlich und dienen der eigenen Sicherheit.
Die verwendete Bezeichnung »Plexiglas« ist eingetragenes Warenzeichen der Röhm GmbH, Darmstadt. »Makrolon« ist ein eingetragenes Warenzeichen der Bayer AG in Leverkusen.

Herzlich bedanken möchte ich mich bei den Herren Jourdan, Müller und Schuler für viele wertvolle Hinweise. Sie haben wesentlich zum Gelingen dieses Buches beigetragen.